Topf- und Kübelpflanzen

KOSMOS

Bettina Rehm

Topf- und Kübelpflanzen

KOSMOS

Inhalt

GESTALTUNG 5

Willkommen im Topfgarten 6
Holen Sie das Mittelmeer nach Hause 8
La Provence 10
Tropenzauber 12
Genießen Sie orientalisches Flair 14
Landhausstil auf Balkon und Terrasse 16
Feierabend-Terrasse 18
Lichtblicke im Schatten 20
Pflanzenpracht das ganze Jahr 22
Bunt gemischt 24
Pretty in Pink 26
Machen Sie mal blau 28
Kleiner Rosengarten 30
Sukkulente – dicke Blätter im Trend 32
Kräuterparadiese 34

PRAXIS 35

So kaufen Sie erfolgreich ein 36
Überwintern, Ausräumen und Umtopfen 38
Richtig schneiden 40
Pflege muss sein 42
Pflanzenschutz 44
So vermehren Sie Ihre Kübelpflanzen 46
Jahresfahrplan 48

PORTRÄTS 49

Klassiker 50
Zitruspflanzen 54
Mediterrane Kübelpflanzen 56
Exotische Kübelpflanzen 60
Palmen 66
Bäume und Sträucher 68
Rosen 74
Kletterpflanzen 76
Stauden und Gräser 78
Sukkulenten 82
Kräuter 84
Gemüse 86
Obst 88

ANHANG 90

Adressen 90
KOSMOS Bücher-Tipps 90
Register 91
Impressum 96

Gestaltung

Willkommen im Topfgarten

Mit Topfpflanzen, wie Zitronen- oder Orangenbäumchen, Oleander, Fuchsien, Ginster oder Bougainvilleen sowie farbenfrohen Möbeln und Accessoires, verwandeln Sie Ihren Sitzplatz in eine Wohlfühl-Oase.

Tauchen Sie ein in die faszinierende Welt des Topfgartens. Längst ist die Zeit vorbei, dass Menschen, die keinen Garten besitzen, auf Pflanzen verzichten müssen. Auch auf den kleinsten Balkonen oder Terrassen finden üppige Pflanzenarrangements Platz. Den Gestaltungsmöglichkeiten sind keine Grenzen gesetzt: Genießen Sie Blütenträume in himmlischem Blau oder frechem Pink. Lassen Sie zwischen romantischen Rosen und Duftkräutern die Seele baumeln oder stillen Sie Ihr Fernweh auf mediterranen, tropischen oder orientalisch eingerichteten Sitzplätzen. Naschkatzen werden von süßen Früchten und leckerem Gemüse im Country-Topfgarten begeistert sein. Bevor Sie sich für eine Stil- oder Farbrichtung entscheiden, sollten Sie sich darüber im Klaren sein, wie viel Zeit Sie für die Pflanzenpflege aufbringen können und möchten. Genaue Angaben dazu, welche Arbeiten im Topfgarten anfallen und welche Pflege die einzelnen Pflanzen benötigen, finden Sie im Praxis- und im Porträtteil dieses Buchs.

Wer wenig Zeit zum Gießen hat, ist zum Beispiel mit Sukkulenten gut bedient. Wer seinen Sitzplatz häufig abends nutzt, legt sich eine Feierabend-Terrasse an. Hier versüßt der Duft von Engelstrompeten und Nachtjasmin die Dämmerstunden und die helle Blütenfarbe von Strauchmargeriten oder Bleiwurz reflektiert das letzte Tageslicht.

Außerdem sollten Sie schon vor der Anlage Ihres Topfgartens wissen, wie Sie ihn nutzen möchten. Kochfans brauchen unbedingt eine Kräuterecke auf Balkon und Terrasse, um immer einen frischen Vorrat an Petersilie, Schnittlauch, Basilikum, Thymian oder Oregano zu haben. Pflanzenliebhaber, die auch bei kälteren Temperaturen ihren Sitzplatz genießen möchten, sollten mit Zwiebelblumen und Blattschmuckpflanzen dafür sorgen, dass Balkon oder Terrasse nicht nur im Sommer, sondern auch im Frühjahr und Herbst Blickpunkte zu bieten haben.

Ein Topfgarten kann alle Wünsche erfüllen und bietet für jeden das Richtige. Lassen Sie sich von den vielen Anregungen auf den nächsten Seiten inspirieren. Und freuen Sie sich auf die nächste Blütensaison, wenn es wieder heißt: Willkommen im Topfgarten!

Eine pinkfarbene Bougainvillee und die zarten rosafarbenen Blüten der Scheinmalve zaubern exotisches Urlaubsambiente.

Mit Farben gestalten

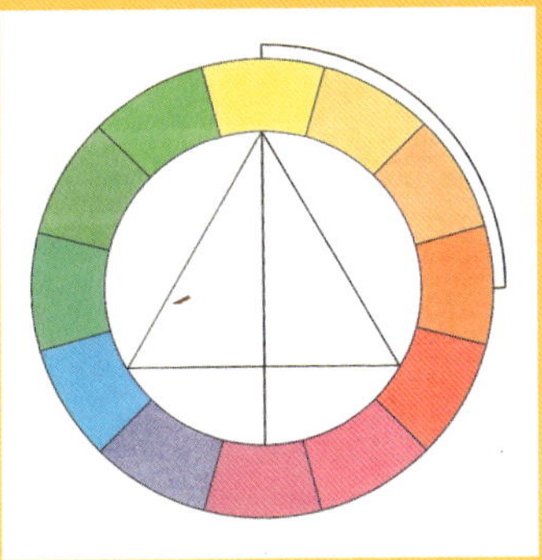

Der Farbkreis zeigt Ihnen, welche Farben miteinander harmonieren.

Mit Farben lassen sich verschiedene Stimmungen und optische Eindrücke erzeugen. Kräftige, warme Farben wie Rot, Orange oder Gelb wirken anregend, feurig und temperamentvoll. Da sie sich optisch in den Vordergrund drängen, sollten sie in kleinen Freilufträumen vorsichtig verwendet werden. Wer einen kleinen Sitzplatz hat, sollte lieber auf kühles Blau als Blütenfarbe zurückgreifen. Diese Farbe rückt optisch in den Hintergrund und verleiht Mini-Räumen optische Weite.

Harmonische Kombination zaubern Sie mit Farben, die im Farbkreis nebeneinander liegen, so passen zum Beispiel Grün, Blau und Violett gut zusammen.

Spannung kommt mit Komplementärkontrasten in den Topfgarten. Komplementärfarben liegen sich im Farbkreis gegenüber, zum Beispiel Blau und Orange oder Violett und Gelb.

Holen Sie das Mittelmeer nach Hause

Warum sollte man in der schönsten Jahreszeit in den Urlaub fahren? Das Mittelmeerambiente liegt doch so nah. Mit den richtigen Pflanzen, Möbeln und Accessoires wird der Traum vom sonnigen Süden auf Ihrer Terrasse wahr.

Viel Sonne brauchen das Zitronenbäumchen (Citrus limon *'Meyeri', links*) *und die Kumquatpflanze* (Fortunella japonica).

Mediterrane Pflanzenstars

Bougainvilleen, Engelstrompeten (*Brugmansia*), Pelargonien und Oleander (*Nerium oleander*) sind pflegeleichte Klassiker unter den Kübelpflanzen, die im mediterranen Topfgarten nicht fehlen dürfen. Der Oleander braucht unbedingt ein sehr sonniges Plätzchen, aber auch ganz viel Wasser, da seine Wurzeln gerne feucht stehen. Schneiden Sie Ihre Bougainvilleen nach der Blüte zurück, damit sich schnell neue Blütenansätze bilden. Die abgeblühten Triebspitzen werden dazu um zirka ein Drittel eingekürzt. Mit diesem Trick haben Sie den ganz Sommer über immer wieder Freude an den violettpinken Blüten. Typisch mediterran sind auch die Pelargonien und Duft-Pelargonien, die in einzelnen Töpfen noch auf den kleinsten Balkonen Platz finden. Eine hübsche Alternative zu aufgestellten Töpfen sind mit einem Drahtring an der Hauswand befestigte einzelne Tontöpfe mit Pelargonien oder anderen Sommerblumen wie Kapkörbchen, Vanilleblumen oder dem Spanischen Gänseblümchen.

Damit Ihre Urlaubsterrasse auch für Ihre Nase ein Vergnügen wird, sollten Sie die passenden Duftpflanzen aufstellen. Die Zistrose (*Cistus*) duftet zum Beispiel herb. Richtig schön frisch duftet der Zitronenstrauch (*Aloysia triphylla*) und natürlich die Blätter und Blüten der Zitruspflanzen (*Citrus*-Arten und *Fortunella*). Wenn sich der Sommer schon seinem Ende zu neigt, hat die Kreppmyrte (*Lagerstroemia indica*) ihren großen Auftritt. Ab August erscheinen die roten, rosa oder weißen Blüten. Nicht so groß wie in der toskanischen Landschaft, aber im Topf ebenfalls hübsch sieht die Mittelmeer-Zypresse (*Cupressus sempervirens*) aus. Ihre Säulenform erhält sie auch ohne Schnitt. Andere mediterrane Blattschönheiten sind Lorbeer (*Laurus nobilis*) und Klebsame (*Pittosporum tobira*).

Um Ihren Gaumen nicht nur mit italienischen Spaghetti und feinem Espresso zu erfreuen, sollten sie sich eine kleine Mittelmeer-Obstplantage zulegen. Außer Zitruspflanzen erfreuen Sie

Profi Tipp von mein schöner Garten

Zu den mediterranen Terrakotta-Gefäßen gibt es eine Alternative: Pflanzen Sie Ihre Kübelstars in ausgediente Olivenölkanister oder andere Konservendosen. Am schönsten sehen Originalgefäße aus den Mittelmeerländern aus. Die Dosen brauchen ein Bodenloch, damit überschüssiges Wasser ablaufen kann. Vorsicht: Gefäße rosten. Untersetzer verhindern Rostflecken auf dem Boden.

auch Feigen (*Ficus carica*) oder Granatapfel (*Punica granatum*) mit leckeren Früchten. Für Gaumenfreuden sorgen zudem mediterrane Kräuter wie Thymian, Basilikum, Rosmarin oder Oregano und ein paar Gemüsepflanzen im Topf wie Paprika oder Auberginen.

Accessoires mit Urlaubsflair

Einen schönen mediterranen Topfgarten machen aber nicht nur die Pflanzen, sondern auch das richtige Mobiliar und die passenden Accessoires aus. Korbsessel, schlichte Teakholzmöbel oder zierliche Eisenmöbel verbreiten eine südländische Stimmung. Ein kleiner Mosaiktisch mit einer ausgewählten Pflanze oder einer weißen Keramikvase mit Olivenmuster darauf wird zum Hingucker auf Ihrem Sitzplatz. Wählen Sie für Ihre Pflanzen schlichte Tontöpfe oder auch wunderschön reich verzierte Terrakotta-Töpfe. Dazu passen Deko-Pinienzapfen, Topffüßchen mit Löwenköpfen, Amphoren, Schalen und Figuren aus demselben Material. Aber vergessen Sie beim Dekorieren eins nicht: Der mediterrane Topfgarten ist nicht perfekt, er lebt von seiner unvollkommenen Schönheit. Die Töpfe dürfen Patina ansetzen. Und Eisenteile bekommen erst durch Rost den nötigen Charme.

Vor einer terrakottafarbenen Wand zaubern Mittelmeer-Pflanzen wie Lorbeer, Zitrusbäumchen und Olivenbäumchen eine mediterrane Stimmung.

La Provence

Himmlisch duftende Lavendelfelder so weit das Auge reicht, azurblaues Mittelmeer, fröhliche Sonnenblumen, zarte Rosenblüten und würzige Kräuter – das ist der schöne Süden Frankreichs: die Provence. Verwandeln Sie Ihren Sitzplatz in eine französische Wohlfühl-Oase. Die wichtigste Pflanze hierfür ist der Lavendel (*Lavandula angustifolia*). Lavendel braucht viel Sonne, aber wenig Dünger. Damit die Pflanzen kompakt bleiben, werden Sie nach der Blüte um zirka ein Drittel zurückgeschnitten. Pflanzen Sie Lavendel in Tontöpfe oder edle Terrakotta-Gefäße, das passt schön zum provenzalischen Stil. Auch andere Mittelmeerkräuter dürfen nicht fehlen. Mit Töpfen voll Thymian, Rosmarin, Majoran und Lorbeer können Sie sich an Ihrer eigenen „Kräuter-der-Provence-Mischung" erfreuen. Nach Belieben kommen noch Basilikum, Oregano, Fenchel und Bohnenkraut dazu. Stellen Sie Ihre Kräuter in die Nähe Ihrer Sitzmöbel.

Thymian begeistert mit den unterschiedlichsten Aromen. Es gibt Zitronen-, Orangen-, Kümmel- und sogar Lavendel-Thymian. Alle Arten stehen gerne in der Sonne, brauchen einen trockenen, mageren Boden und vertragen keine Staunässe.

Denn nichts ist schöner, als Kräuterduft zu schnuppern und dabei den Feierabend in filigranen Bistromöbeln oder gemütlichen Korbsesseln zu genießen. Richtig kuschelig wird Ihre Terrasse mit einer Wein berankten Pergola als Überdachung. Knorrige Olivenbäumchen (*Olea europaea*), Lorbeerhochstämmchen (*Laurus nobilis*) oder in Spiralform geschnittene Scheinzypressen (*Chamaecyparis lawsoniana*) rahmen Ihren Sitzplatz stilvoll ein.

Aus so kleinen Olivenbäumchen entwickeln sich stattliche Topfpflanzen. Selbstfruchtende Sorten wie 'Pendolino' oder 'Itrana' tragen auch Früchte, wenn sie alleine stehen. Damit sich die Pflanzen verzweigen, sollten Sie sie öfters im Jahr leicht zurückschneiden.

Duftender Lavendel und hübsche Olivenbäumchen sind ein Muss für provenzalisch gestaltete Sitzplätze. Eine dekorative Artischockenpflanze macht Lust auf die französische Küche. Es lebe die Provence!

Zartes Pastell und edles Silbergrau

Silbergraue Laubfarbe und pastellige Blautöne machen den Charme südfranzösischer Gärten aus. Deshalb sollten Sie auf Eukalyptus (*Eucalyptus gunnii*) oder auf die blau blühende Säckelblume (*Ceanothus* x *delilianus*) nicht verzichten. Gut passt auch das feine, silbrige Laub von Wermut (*Artemisia absinthium*), Currykraut (*Helichrysum italicum*) und Heiligenkraut (*Santolina chamaecyparissus*). Für dezente Blütenpracht sorgen violett blühende Zier-Lauch-Arten, rosa oder weiß blühende Rosen, die kleinen Blüten von Duft-Pelargonien, weiß blühende Myrte (*Myrtus communis*) und die blauen Blüten der Blauraute (*Perovskia abrotanoides*).

In einem Topfgarten à la Provence dürfen jedoch auch die kräftigen Farbtupfer nicht fehlen: Mischen Sie zu den Tontöpfen ein paar glasierte provenzalische Töpfe in Cremegelb, Olivgrün und Bordeauxrot. Im Sommer bringen Sonnenblumen in Töpfen fröhliches Gelb auf die Terrasse und Tischdecken oder Stuhlkissen sehen in intensiven Rottönen besonders toll aus – da werden Urlaubsträume wahr.

Tropenzauber

Zaubern Sie mit Palmen wie der Hanf- oder Dattelpalme, Palmlilien und dickblättrigen Agaven eine exotische Atmosphäre. Indisches Blumenrohr oder Zier-Bananen verbreiten ebenfalls fremdländisches Flair.

Viele Menschen unternehmen Fernreisen, um die faszinierende Atmosphäre tropischer Landschaft zu erleben. Nur ein paar Urlaubswochen lang können sie ein abenteuerliches Dschungel-Gefühl genießen, danach ist alles Erinnerung. Dabei lässt sich ein kleiner, privater Regenwald ganz leicht auf der heimischen Terrasse einrichten.

Genuss unter einem grünen Blätterdach

Hohe Pflanzen mit großen Blättern erzeugen eine behagliche Stimmung. Genießen Sie zum Beispiel den Schatten riesiger Bananenwedel. Sowohl die Japanische Faser-Banane (*Musa basjoo*) als auch die Zier-Banane (*Ensete ventricosum*) gedeihen gut im Topf. Beide Stauden wachsen schnell und können über drei Meter hoch werden. Besonders attraktiv ist die Sorte 'Maurelii' der Zier-Banane, die rötliche Blätter besitzt. Weitere dekorative Blattschmuckpflanzen, die auf Ihrer Urwald-Terrasse nicht fehlen dürfen, sind Elefantenohr (*Alocasia macrorrhiza*) und Taro (*Colocasia esculenta*). Diese Pflanzen haben riesige herzförmige Blätter, die direkt aus den Wurzeln entspringen. Gesellen Sie zu diesen Blattriesen auch feinblättrige Pflanzen wie Palmen oder Papyrus (*Cyperus papyrus*). An den Enden der bis drei Meter hohen Papyrustriebe erscheint ein ganzer Schopf von schmalen Blättchen. Empfehlenswerte Palmen für den tropischen

Topfgarten sind die Petticoatpalme (*Washingtonia filifera* oder *W. robusta*), die Hanfpalme (*Trachycarpus fortunei*) oder die Dattelpalme (*Phoenix dactylifera*). Palmen brauchen viel Feuchtigkeit. Lassen Sie die Erde zwischen den einzelnen Wassergaben allderdings immer ein wenig abtrocknen.

Die optimale Voraussetzung für diese Urwald-Terrasse sind Ost- oder Westlagen, da die großen Blätter von Zier-Bananen, Alokasie & Co. zwar Helligkeit brauchen, aber bei zu starker Sonneneinstrahlung Sonnenbrand bekommen. Mit Wasserspielen können Sie für eine höhere Luftfeuchtigkeit sorgen, die den Blattschmuckpflanzen gut tut, und sich selbst an dem beruhigenden Plätschern erfreuen.

Profi Tipp von mein schöner Garten

Kletterpflanzen schützen Ihren Dschungel-Sitzplatz vor fremden Blicken. Zum Urwald-Ambiente passen Passionsblume (*Passiflora caerulea*), Prunkwinde (*Ipomoea*), Schwarzäugige Susanne (*Thunbergia*) und rosa Trompetenwein (*Podrannea ricasoliana*).

und der Wunderbaum (*Ricinus communis*) dar. Damit auch die Nase verwöhnt wird, sollten Sie Frangipani (*Plumeria rubra*) pflanzen. Der Blütenduft des zwei Meter hohen Buschs taucht Ihren Sitzplatz in ein liebliches Aroma.

Nicht nur mit Pflanzen, auch mit Gartenmöbeln und Accessoires können Sie für Tropenflair sorgen. Tisch und Stühle im Kolonial-Stil oder gemütliche Rattansessel passen prima dazu. Afrikanische Deko-Schalen oder Tierskulpturen aus Holz sowie Tierfell-Imitate lassen den Traum von „Jenseits von Afrika“ wahr werden. Aber auch Mitbringsel aus Australien, Neuseeland oder Bali finden ihren Platz. Schließlich belebt ein multikultureller Mix Ihre Dschungel-Oase.

Tropenfeeling durch Feuerfarben

Haben Sie auf Ihrer Dschungel-Terrasse das Grundgerüst aus Blattschmuckpflanzen geschaffen, fehlen noch prachtvolle Blüten in leuchtenden Farben. Da fällt die erste Wahl auf den Chinesischen Roseneibisch (*Hibiscus-rosa-sinensis*-Hybriden). Lassen Sie sich von den ungefüllten oder gefüllten roten, gelben, orange-, lachs- oder rosafarbenen Blüten der verschiedenen Sorten begeistern. In Gelb, Orange und Rot beeindrucken die Schönmalve (*Abutilon*-Arten), die Seidenpflanze (*Asclepias curassavica*), die Kapfuchsie (*Phygelius capensis*) und der Hammerstrauch (*Cestrum*-Arten). Alle diese Pflanzen mögen einen halbschattigen Standort und sollten im Sommer öfter zurückgeschnitten werden, damit sie in Form bleiben. Sanftes Violett steuern die großen Blüten der Prinzessinnenblume (*Tibouchina urvilleana*) bei. Kühles Blau zeigen die Blüten der Schmucklilie (*Agapanthus*-Arten) und des Blauflügelchens (*Clerodendrum ugandense*). Bei Letzterer erinnern die Blüten an kleine Schmetterlinge, weshalb der Strauch auch Schmetterlingsblume genannt wird. Eine Mischung zwischen Blattschmuckpflanze und Blütenschönheit stellen das Indische Blumenrohr (*Canna indica*-Hybriden)

Für Aufsehen sorgt das imposante Blumenrohr. Die hohen Pflanzen brauchen einen großen Topf und einen windgeschützten, sonnigen Platz.

Genießen Sie orientalisches Flair

Lieben Sie es, die Seele baumeln zu lassen, von süßen Düften umhüllt zu werden und die prachtvollsten Blüten zu bestaunen? Dann ist ein Freiluftzimmer im Orient-Stil genau das Richtige für Sie. Dieser Gestaltungsstil lebt von üppigen Farben: Intensives Rot, samtiges Purpur, geheimnisvolles Violett, warmes Gelb und natürlich Gold, Silber und Kupfer gehören dazu. Als Gartenmöbel passen verschnörkelte Eisenstühle und Mosaiktischchen. Dekorieren Sie Ihre Sitzecke mit reich bestickten, voluminösen Kissen aus Samt und Seide, die mit Troddeln und Quasten noch imposanter erscheinen. Ein passender Paravent kann Ihre kleine Oase vom Rest der Welt abtrennen. Wer genug Platz hat, überdacht seinen Sitzplatz mit einem Eisenpavillon. Schön verspielt sehen Modelle mit einem zwiebelturmähnlichen Dach aus. Lassen Sie Kletterpflanzen emporranken. Im Topf gedeiht zum Beispiel die gelb oder orangefarbenen blühende Trompetenblume (*Campsis radicans*). Dazu passen die Blüten von Waldreben (*Clematis*-Hybriden). Verschiedene Sorten, die nicht höher als drei Meter werden, sind dankbare Topfbewohner. In Blauviolett zeigt sich 'Etoile Violette' oder 'Königskind', ein samtiges, dunkles Magneta hat 'Niobe' zu bieten und 'Ville de Lyon' blüht rubinrot. An den Verstrebungen des Pavillons können Sie dekorative orientalische Windlichter befestigen, die Ihnen die Abendstunden in Ihrem Terrassen-Paradies verzaubern werden. Genießen Sie die letzten Stunden des Tages mit orientalischen Düften von Räucherstäbchen oder Duftlampen.

Die Brasilianische Guave braucht einen sonnigen Platz und gleichmäßig feuchte Erde.

Beziehen Sie auch Hauswände und den Bodenbelag in die Gestaltung mit ein. Eine ockerfarbene Wand strahlt gemütliche Wärme aus. Wie aus einem Tausend-und-eine-Nacht-Märchen wirkt auch der normalste Bodenplattenbelag, wenn Sie vereinzelt eine Platte herausnehmen und diese durch eine selbst gemachte Mosaikplatte ersetzen. Ebenfalls toll sehen aus Zement gegossene Platten aus, die mit bunten Glasmurmeln, farbenfrohen Fliesenstückchen oder Spiegelteilchen verziert sind. Spiegel sind nicht nur am Boden schön: Wandspiegel mit verschnörkeltem Metallrahmen oder Mosaikrand machen kleine Freilufträume optisch größer und bringen Licht in dunkle Ecken.

Topfpflanzen für den Orient-Zauber

Zum orientalischen Stil passen am besten rot, violett, gelb oder orange blühende Kübelpflanzen. Egal ob es australische, neuseeländische, südamerikanische oder afrikanische Topfschönheiten sind, Hauptsache sie haben eine exotische Wuchsform oder geheimnisvolle Blüten.

Zunächst braucht man ein paar Blattschmuckpflanzen, die das grüne Grundgerüst bilden. Dafür eignen sich die Aukube (*Aucuba japonica*) und die Zimmer-Aralie (*Fatsia japonica*). Eine hübsche Mischung aus Blattschmuck und Blütenpracht bietet die Paradiesvogelblume (*Strelitzia reginae*). Ihre paddelförmigen Blätter werden bis zu 80 Zentimeter lang und ihre bizarre Blüte erinnert an einen Vogelkopf. Intensives Rot bringen der Zylinderputzer (*Callistemon*-Arten), der Korallenstrauch (*Erythrina crista-galli*), der Eisen-

Wie wäre es mit einer kuscheligen Orient-Ecke? Mit den roten Blüten des Zylinderputzers (Callistemon), *bunten Orientteppichen, Kerzen, gold verzierten Vasen und der passenden Laterne wird dieser Traum wahr.*

holzbaum (*Metrosideros robusta* oder *M. excelsa*) und die Springbrunnenpflanze (*Russelia equisetiformis*) auf Ihre Terrasse. Letztere hat feinblättrige, lange Triebe, die sich wie ein Wasserfall über den Topfrand legen. Außerdem passen die nadelartigen Blätter der Südseemyrte (*Leptospermum scoparium*) und die violetten Blüten des Veilchenstrauchs (*Iochroma*-Arten) zum Orient-Stil. Lieblicher Blütenduft darf natürlich auch nicht fehlen; den spenden Sternjasmin (*Trachelospermum jasminoides*) und Duftblüte (*Osmanthus*-Arten). Inmitten dieser Pflanzenschönheiten schmeckt ein Tässchen Mokka noch mal so gut.

Landhausstil auf Balkon und Terrasse

Strauchmargeriten (Argyranthemum frutescens) *passen mit ihrem natürlichen Charme gut zum Country-Stil.*

Zurück zur Natur und zum Charme des Landlebens, das ist das Motto des Country-Gartens. Kleine Balkone und Terrassen verwandeln Sie mit den richtigen Pflanzen und Accessoires in Mini-Bauerngärten. Rustikale Holzmöbel, Weidenkörbe, alte Gießkannen oder Wannen aus Zink, Tonkrüge und nicht zuletzt karierte Tischdecken gehören zum Landhausflair. Richtige Bauernhof-Atmosphäre zaubern Sie mit einer Schar Keramik-Hühnern.

Gartenbewohner als Topfstars

Viele Stauden, Zwiebelblumen und Sträucher, die sonst ihren nostalgischen Charme in Gartenbeeten versprühen, gedeihen auch in Töpfen gut. Farbenfrohe Bauerngartenstauden wie Flammenblumen (*Phlox*) oder Rittersporn (*Delphinium*-Hybriden) erreichen beachtliche Höhen und brauchen große Töpfe. Mit etwas kleineren Gefäße kommen Frauenmantel (*Alchemilla mollis*) und Gold-Felberich (*Lysimachia punctata*) aus. Die Gartenstauden sind in Töpfen frostfest. Ein Winterschutz für die Gefäße ist aber trotzdem notwendig, damit die Töpfe nicht völlig durchfrieren. Aus dem Zwiebel- und Knollenpflanzensortiment dürfen Dahlien, Gladiolen und Lilien im Landhaus-Topf-

Gemüse aus dem Topf

Name	Aussaat	Erntezeit	Besonderheit
Stiel-Mangold	Aussaat ab Mitte April im Freien	ab Juni/Juli	sonnig bis halbschattig; feucht halten; Sorte: 'Feurio' hat dekorative dunkle Blätter und rote Stiele
Paprika	Aussaat ab Anfang März im Haus	etwa 5 Monate nach Aussaat	sonnig; wind- und regengeschützt; keine Staunässe; Sorten: 'Redskin', 'Pusztagold'
Tomaten	Aussaat ab Mitte März im Haus	Juli bis Oktober	regengeschützt; regelmäßig gießen und düngen; Sorten: 'Balkoni Red' (Balkontomate), 'Sweet Million' (Cocktailtomate)
Zucchini	Aussaat im April im Haus	6 bis 8 Wochen nach Aussaat	große Gefäße; feucht halten; sonniger Platz; Sorten: 'Gold Rush' (gelbe Früchte), 'Diamant' (grüne Früchte)
Aubergine	Aussaat ab Mitte Februar bis Mitte März im Haus	ab Juli, wenn die Früchte sich dunkel färben	großes Gefäß; sonniger, geschützter Standort; Sorten: 'Blacky', 'Lange Violette'

garten nicht fehlen. Den Winter sollten die frostempfindlichen, unterirdischen Organe dieser Pflanzen an einem dunklen Platz im Haus verbringen.
Aus dem Reich der Gehölze passen Rosen oder Garten-Hortensien (*Hydrangea macrophylla*) gut auf die Country-Terrasse.

Naschen aus Töpfen

Mit Gemüsepflanzen geben Sie Ihrem Sitzplatz das perfekte Bauerngarten-Ambiente. Im Handel gibt es so genanntes Balkon-Gemüse, das prima mit den beengten Lebensverhältnissen in Töpfen zurechtkommt. Problemlos ist auch die Aussaat von Salat in Töpfen – hier sind die zarten Salatköpfe schneckensicher untergebracht. Säen Sie Salat im Abstand von mehreren Wochen aus, dann haben Sie den ganzen Sommer über Erntezeit. Sogar Obstbäumchen und -sträucher sind als Miniformen für den Topf erhältlich (siehe Tabelle). Geben Sie Topfobst große Töpfe von zirka 80 Litern Inhalt und eine tonhaltige Erde.
In einen Country-Topfgarten gehören auch Kräuter. Im Frühjahr werden Bohnenkraut, Kresse, Dill, Borretsch, Schnittlauch, Thymian oder Majoran direkt in den Töpfen ausgesät. Kapuzinerkresse und Ringelblumen bringen Farbe auf Balkon und Terrasse und die Blüten können Sie als essbare Dekoration für Sommersalate verwenden.

Nicht mehr genutzte Alltagsgegenstände wie Fahrräder, Zinkwannen oder nostalgische Gartengeräte finden im Country-Topfgarten ein neues Zuhause. Zusammen mit Sonnenblumen, Peperoni, Zier-Kohl, Chrysanthemen, Salbei und Herbst-Astern bilden sie ein blühendes Gartenbild.

Obst aus dem Topf

Name	Pflanzzeit	Erntezeit	Besonderheit
Apfel	im Herbst	August bis Oktober	Bäume mit schwach wachsender Unterlage oder Säulen-Sorten wählen; Säulen-Sorten: 'Bolero', 'Polka', 'Flamenco'
Erdbeere	Juli/August	Juni bis Oktober (je nach Sorte)	während der Blüte nicht düngen; Sorten: 'Elan' (große Früchte, frühe Ernte), 'Senga Sengana' (späte Ernte)
Stachelbeere	im Herbst	ab Mitte Juni	Strauch oder Hochstämmchen; halbschattiger Standort ; Sorten: 'Invicta Gelb' und 'Invicta Rot' sind reich fruchtend und widerstandsfähig gegen Pilzkrankheiten
Süßkirsche	im Herbst	Juni/Juli	im Kübel bis zu 2 m hoch und 3 m breit; Sorten: 'Lapsin' und 'Stella' sind selbstfruchtend
Himbeere	im Herbst oder Frühjahr	ab Juli	Früchte erscheinen an den zweijährigen Trieben; Herbstsorte 'Autumn Bliss', auch 'Blissy' genannt, hat große, süße Früchte

Feierabend-Terrasse

Gönnen Sie Ihrer Nase auf diesem Duft-Balkon auch einen schönen Feierabend. Violett blühende Vanilleblumen, Duft-Pelargonien, Myrthe, duftender Nachtschatten (Solanum bonariense) und Lilien verströmen ihr Aroma.

Duft-Pelargonien

Duft-Pelargonien, auch Duft-Geranien genannt, begeistern mit duftenden Blättern. Die Vielzahl der Duftnoten und Blattformen ist überwältigend. Riecht man zum Beispiel an der Sorte 'Attar of Roses' glaubt man, an einer echten Rose zu schnuppern. Pelargonium tomentosum *duftet nach Minze und 'Scarlet Unique' nach Karotte. Die nach Zitrone duftenden Sorten 'Citronella' und 'Lemon Fancy' sowie die nach Moschus duftende Sorte 'Royal Oak' haben sich sogar als so genannte „Moskitoschocker" bewährt.*

Erholung nach einem stressigen Wochentag – wer braucht die nicht? Lassen Sie sich von sanften Farben, süßen Düften und romantischem Kerzenschein verwöhnen. Wo? Gleich bei Ihnen zu Hause auf Ihrer Feierabend-Terrasse.

Helle Farben

Schmücken Sie Ihre Feierabend-Oase mit Topfpflanzen, die helle Blüten haben, zum Beispiel mit der weiß blühenden Orangenblume (*Choisya ternata*), die auch noch intensiv duftet, mit hellblau blühendem Bleiwurz (*Plumbago auriculata*), gelb blühendem Gewürzstrauch (*Senna corymbosa*; früher *Cassia corymbosa*) sowie weiß oder rosa blühenden Strauchmargeriten (*Argyranthemum frutescens*) und Oleandersorten (*Nerium oleander*). Helle Farben werden nicht wie dunkles Rot oder Violett von der Dunkelheit geschluckt, sondern reflektieren noch den kleinsten Lichtstrahl; sie scheinen in der Dämmerung regelrecht von selbst zu leuchten.

Verführerische Düfte

Duftende Blüten machen die letzten Stunden des Tages zu einem sinnlichen Erlebnis. Engelstrompeten (*Brugmansia*), der Nachtjasmin (*Cestrum nocturnum*), die Vanilleblume (*Heliotropium*), der duftende Nachtschatten (*Solanum bonariense*) und Königs-Lilien duften vor allem in den Abendstunden sehr intensiv.

Manche Pflanzen verströmen Ihren Duft erst, wenn man an ihren Blättern reibt. Stellen Sie also Duft-Pelargonien, den Zitronenstrauch (*Aloysia triphylla*), Lavendel oder Rosmarin in greifbarer Nähe auf, damit Sie auch im Sitzen immer mal wieder eine Hand voll der himmlischen Düfte einfangen können.

Das Praktische an einem Topfgarten ist, dass man jederzeit umdekorieren kann. Wenn Sie abends einmal mehr Lust auf würzigen Kräuterduft haben, wandert zum Beispiel der Topf mit Currykraut (*Helichrysum*) in die erste Reihe. Wenn die Düfte süßer sein dürfen, stellen Sie die After-Eight-Aroma ausströmende Duft-Pelargonie 'Chocolate Peppermint' oder die nach Zimt riechende Sorte 'Cinnamon' nach vorne.

Gemütliche Möbel und romantischer Kerzenschein

Nach einem langen Arbeitstag schmerzt oft der Rücken und man sehnt sich nach bequemen Sitzmöglichkeiten. In Hängematten, auf kuscheligen Liegen oder in Sesseln können Sie den Körper entspannen und die Seele baumeln lassen.

Um nicht nach der kurzen Abenddämmerung ins Haus flüchten zu müssen, weil es draußen schnell finster wird, sollten Sie für eine gemütliche Beleuchtung sorgen. Windlichter mit Kerzenschein oder ein kleines Feuerchen im Mexikanischen Gartenofen für die wildromantische Atmosphäre, verlängern die Abendstunden im Freien. Angenehmes Licht geben auch die kleinen Lampen von Lichterketten ab. Verwenden Sie im Freien jedoch nur Lichterketten, die für den Außenraum zugelassen sind.

Dekorative Windlichter zum Selbermachen: Mit Window-Color-Konturenfarbe die weißen Ränder zum Beispiel auf großen Marmeladengläsern vormalen, trocknen lassen und dann die kleinen Felder mit bunten Window-Color-Farben ausmalen.

Lichtblicke im Schatten

Viele Besitzer eines schattigen Balkons oder einer schattigen Terrasse schauen neidisch auf sonnenverwöhnte Sitzplätze mit üppig blühenden Kübelpflanzen. Aber auch ein schattiges Plätzchen kann sich in ein Topfgarten-Paradies verwandeln.

Rhododendron und Fleißiges Lieschen sind dankbare Topfpflanzen, die auch Farbe in schattige Bereiche bringen.

Farbenprächtige Fuchsien

Klassische Dauerblüher für dunklere Ecken sind zum Beispiel Fuchsien (*Fuchsia*-Cultivars). Ehrlicherweise muss man jedoch anmerken, dass auch diese robusten Blüher den tiefsten Vollschatten nicht so gut vertragen. Am besten sind halbschattige Standorte, denn bei zu wenig Licht lässt ihre Blühfreudigkeit nach. Im Sommer entfachen Fuchsien ein wahres Blütenfeuerwerk, nach dem allerdings eine Blütenpause folgt. Wenn Sie zu lang gewordene Triebe einkürzen, bilden sich neue knospenbesetzte Seitentriebe und die Pflanze behält ihre Wuchsform. Besonders beliebt sind Fuchsien-Hochstämmchen zum Beispiel aus den Sorten 'Deutsche Perle' oder 'Beacon Rot'.

Damit keine unnötige Kraft in die Bildung von Samen gesteckt wird, sollten Sie regelmäßig die welken Blütenstände entfernen.

Profi Tipp von mein schöner Garten

Nicht nur mit Pflanzen, sondern auch mit der passenden Deko verschönern Sie schattige Ecken. Wählen Sie für Möbel, Töpfe oder Figuren helle Farben. Mit hellgelben, weißen oder silbrigen Accessoires sorgen Sie für Lichtblicke an dunklen Plätzen.

Blütensträucher für den Schatten

Hübsche Blütensträucher für den Schatten sind Rhododendren. Sie garantieren einen intensiven, aber kurzen Blütenspaß im Frühjahr. Kleinere Arten wie die *Yakushimanum*-Hybriden oder die *Repens*-Hybriden gedeihen problemlos im Topf. Ebenfalls im Frühjahr blühen Lavendelheide (*Pieris japonica*) und Skimmien. Beide Kleinsträucher sind gut schattenverträglich und frosthart. Ab Juni erfreuen uns dann Garten-Hortensien (*Hydrangea macrophylla*) mit ihrer Blüte. Halten Sie die Topferde immer gut feucht. Nach der Blüte werden die abgeblühten Zweige zurückgeschnitten. An wieder austreibenden Ästen entstehen die neuen Blüten. Blau blühende Hortensien behalten ihre Blütenfarbe, wenn sie speziellen aluminiumhaltigen Dünger bekommen.

Stauden für den schattigen Topfgarten

Auch im Reich der Blütenstauden finden sich schattenverträgliche Topfstars: So begeistern zum Beispiel Prachtspieren (*Astilbe*) von Juni bis September mit Blütenkerzen in Weiß, Rosa oder Rot. Schon ab Mai zeigt das Tränende Herz (*Dicentra spectabilis*) seine rosafarbenen Blüten. Ein besonders schöner Lichtblick sind die weißen Blütenherzen der Sorte 'Alba'. Purpurglöckchen (*Heuchera*) tragen elegante Blütenrispen, viel wichtiger für den Topfgarten sind jedoch ihre unterschiedlichen Blattfarben. Die herzför-

Fuchsien, Astilben und Funkienblüten (Hosta) *bringen Farbe auf schattige Terrassen. Dazu passen die zarten gelbgrün panaschierten Halme der Japan-Segge* (Carex morrowii *'Variegata'*).

migen Blätter gibt es neben verschiedenen Grüntönen auch in Dunkelrot mit silbrigem Schimmer ('Amethyst Mist') und sogar mit einem kaffeebraunen Farbton ('Cappucino'). Auch mehrjährige Funkien (*Hosta*), Farne oder Seggen (*Carex*) dürfen an schattigen Plätzen nicht fehlen. Den oft als Zimmerpflanzen angebotenen Buntnesseln (*Solenostemon*) ist in den letzten Jahren ein Comeback auf Balkon und Terrasse gelungen. Sie sorgen mit einer überwältigenden Vielfalt an Blattfarben und -formen für Abwechslung.

Immergrüne Schattenbewohner

Im Schatten gedeiht der immergrüne Buchsbaum (*Buxus sempervirens*) sehr gut. Geschnittene Kugeln, Kegel oder Pyramiden aus Buchsbaum zieren Hauseingänge und Sitzplätze. Ebenfalls immergrün ist Efeu (*Hedera*). Mit ihm lassen sich Rankgerüste prima begrünen. Schöne Kübelpflanzen, die auch Halbschatten vertragen sind die Aukube (*Aucuba japonica*), deren gelb panaschierte Blätter der Sorten 'Variegata' oder 'Picturata' für Farbreflexe sorgen, und die weiß, rot oder rosa blühende Kamelie (*Camellia japonica*).

Mit Buchsbaumkugeln im Topf geben Sie schattigen Hauseingangsbereichen mehr Pep.

Pflanzenpracht das ganze Jahr

Die ersten warmen Sonnenstrahlen lassen die Pflanzenwelt wieder aufblühen. Mit Narzissen, Maßliebchen (Bellis), *Stiefmütterchen* (Viola) *und Hyazinthen holen Sie sich den Frühling in die Blumentöpfe.*

Eine Terrasse oder ein Balkon kann zu jeder Jahreszeit wunderschön sein. Es gibt immer die passenden Pflanzen und Gestaltungsideen.

Frühling

Nach den trüben Wintertagen ist die Sehnsucht nach bunten Blüten groß. Diesen Wunsch erfüllen im Frühjahr Zwiebelblumen. Den Anfang machen Schneeglöckchen (*Galanthus*), Krokusse (*Crocus*-Hybriden) und Winterlinge (*Eranthis*). Ab März folgen Blausterne (*Scilla*), Märzenbecher (*Leucojum vernum*), Traubenhyazinthen (*Muscari*), Wildtulpen, Narzissen und Hyazinthen. Die Königin der Zwiebelblumen, die Tulpe, hat im April und Mai ihren großen Auftritt.

Die beste Pflanzzeit für frühjahrsblühende Zwiebelblumen ist der Herbst. Die mit Zwiebelblumen bepflanzten Töpfe verbringen den Winter im Freien an einem geschützten Platz. Kokosmatten oder Vlies schützen vor Frost. Im Frühjahr gibt es dann vorgetriebene Zwiebelblumen zu kaufen. Diese im Gewächshaus groß gewordenen Pflanzen sind jedoch nicht so widerstandsfähig gegen frostige Temperaturen.

Außer Zwiebelblumen begeistern im Frühlings-Topfgarten Primeln, Maßliebchen (*Bellis*), Vergissmeinnicht (*Myosotis*) und Veilchen (*Viola wittrockiana*-Hybriden, *V. cornuta* und *V. odorata*). Viele frühjahrsblühende Sträucher, bekannt als Gartensträucher, gedeihen auch in Töpfen, zum Beispiel Forsythien, Ginster (*Genista*), Zier-Kirschen (Sorten von *Prunus subhirtella* oder *P. serrulata*) Rhododendren oder Flieder (*Syringa*). Die Sträucher sind frosthart und überwintern im Freien. Da die Gartensträucher im Grunde zu groß für Töpfe werden, kürzt man nicht nur ihre Triebe sondern auch die Wurzeln ein. Schneiden Sie dazu Teile des Wurzelballens heraus. Der Strauch kann dann wieder in den alten Topf gesetzt werden. Füllen Sie die entstandenen Wurzellücken mit neuer Erde auf.

Sommer

Der Sommer ist die klassische Zeit für Kübelpflanzen. Machen Sie Urlaub zu Hause und schwelgen Sie in traumhaften Blüten von Engelstrompeten, Bleiwurz, Zitrusplanzen oder Bougainvilleen. Wie wäre es mit einer traumhaften Terrasse ganz in Blau oder einer ge-

Dieser Balkon mit Petunien, Studentenblumen, Strauchmargeriten und Fächerblumen macht Lust auf einen Sommer im Schweden-Stil.

mütlichen Ecke im Orient-Look? Lassen Sie sich von den vielen Vorschlägen in diesem Buch faszinieren.

Herbst

Verlängern Sie die Freiluftsaison mit den warmen Blütenfarben von Herbst-Astern (*Aster dumosus*, *A. novibelgii* oder *A. novae-angliae*), Heidekraut, Herbstzeitlosen (*Colchicum*) oder Herbst-Chrysanthemen. Zur Halloween-Zeit macht das Dekorieren mit Zier-Kürbissen, Windlichtern in Gespensterform, kleinen Zier-Maiskolben und üppigen Zier-Kohlköpfen Spaß. Räumen Sie Ihre Terrassenmöbel noch nicht ins Haus, sondern genießen Sie die letzten warmen Sonnenstrahlen. Mit Beerenschmuck beeindrucken Feuerdorn (*Pyracantha*), der Liebesperlenstrauch (*Callicarpa bodinieri*) oder das Pfaffenhütchen (*Euonymus planipes* oder *E. europaeus*).

Für Blütenspaß sorgt die Bartblume (*Caryopteris* x *clandonensis*). Der bis zu einem Meter hoch werdende Strauch zeigt seine blauen Blüten bis in den Oktober hinein. Fröhlich buntes Laub darf auf der Herbst-Terrasse nicht fehlen: Der Fächer-Ahorn (*Acer palmatum*) oder die Felsenbirne (*Amelanchier lamarckii*) haben zum Beispiel eine dekorative Herbstfärbung.

Winter

In der kalten Jahreszeit macht der Topfgarten zwar eine Pause, aber trotzdem kann die winterliche Terrasse zum Augenschmaus werden. Verzieren Sie zum Beispiel die vom Winterschutz umhüllten Pflanzen mit hübschen Schleifen und Bändern. Frostfeste Weihnachtskugeln machen aus Fichten (*Picea*) oder Kiefern (*Pinus*) kleine Weihnachtsbäume im Topf. Der Schnee setzt immergrünen Topfbewohnern wie Buchsbaum, Kirschlorbeer (*Prunus laurocerasus*) oder Rhododendron eine weiße Mütze auf. Mit Windlichtern und Lichterketten bringen Sie Licht auf die Terrasse. So können Sie sich auch nach Sonnenuntergang an den winterlichen Arrangements erfreuen. Verwenden Sie jedoch nur Lichterketten, die auch für den Außenbereich zugelassen sind.

Im Herbst begeistern Chrysanthemen, Heidekraut, Alpenveilchen, Silberblatt und Scheinbeeren (Gaultheria) *die Gartenfans.*

Bunt gemischt

Schmucklilien (Agapanthus) *und eine Fächerblume mit blauen Blüten, rote Lilien, eine gelborange blühende Studentenblume* (Tagetes tenuifolia) *und gelbgrün panaschierte Funkienblätter* (Hosta) *formen einen fröhlichen Farben-Mix.*

Ist Ihnen Ihr Topfgarten auch zu langweilig? Immer nur Sommerblumen oder nur Kübelpflanzen zu haben ist auf die Dauer recht monoton. Entdecken Sie die Lust am Kombinieren von Sträuchern oder exotischen Topfpflanzen mit bunten Sommerblumen, robusten Stauden oder filigranen Zier-Gräsern. Mit einem frechen Pflanzenmix erzeugen Sie traumhafte Blüteneffekte auf Balkon und Terrasse. Welche Farbzusammenstellung Sie dabei wählen, bleibt Ihrem Geschmack überlassen. Sie können Ihren Topfgarten kunterbunt oder Ton in Ton gestalten. Starke Farbkontraste, zum Beispiel Orange mit Blau oder Gelb mit Violett, bringen Spannung. Ob sich die Pflanzen wohl fühlen ist jedoch nicht von der Farbzusammenstellung abhängig, sondern von den richtigen Standortbedingungen: Die Lichtverhältnisse müssen den Ansprüchen der Pflanzen gerecht werden. Die Töpfe sollten ausreichend groß sein und ein Wasserabzugsloch am Boden haben. Füllen Sie eine zirka fünf Zentimeter hohe Dränageschicht aus Blähton in die Töpfe, damit sich keine Staunässe bilden kann. Als Substrat wird Kübelpflanzenerde verwendet und das regelmäßige Gießen und Düngen in der Sommersaison sollten Sie natürlich nicht vergessen.

Traumhafte Topfgruppen

Mit Pflanzen in Einzeltöpfen können Sie flexibel gestalten. Verblühte Pflanzen werden in den Hintergrund gestellt. Dafür rücken zum Beispiel Töpfe mit Blattschmuckstauden oder Zier-Gräsern in die erste

Hier zeigt sich der Sommer von seiner bunten Seite. Zinnien, Lavendel, Margeriten und Gazanien wachsen gemeinsam in einem Topf.

Begrüßen Sie den Frühling mit Maßliebchen, Lungenkraut, Akelei, Goldlack und Purpurglöckchen.

Reihe auf. Die Töpfe in einer Gruppe sollten unterschiedlich groß sein, aber aus einheitlichem Material bestehen, damit es harmonisch wirkt. Höhere Pflanzen geben dem Arrangement Struktur. Als winterharte Topfsträucher eignen sich zum Beispiel der Echte Roseneibisch (*Hibiscus syriacus*) oder die Bartblume (*Caryopteris* x *clandonensis*), deren Blüten mediterranes Ambiente zaubern. Pflegeleicht sind der Wechselblättrige Sommerflieder (*Buddleja alternifolia*), der Ranunkelstrauch (*Kerria japonica*) oder der Fingerstrauch (*Potentilla fruticosa*). Eine wertvolle Blattschönheit ist der Fächer-Ahorn (*Acer palmatum*), dessen filigranes Laub im Herbst leuchtend gelb bis rot gefärbt ist. Auch exotische oder mediterrane Topflanzen wie Engelstrompete, Schmucklilie oder Oleander passen in einen gemischten Topfgarten.

Aus dem Reich der Stauden sollten Sie nur robuste, wuchsfreudige Vertreter mit langen Blütezeiten als Topfpflanzen verwenden. Bei hohen Stauden wie Flammenblumen (*Phlox*) oder Rittersporn (*Delphinium*) sind Stützstäbe empfehlenswert, damit die Blütenstiele nicht umknicken. Weitere robuste Blütenstauden für den Topf sind Glockenblume (*Campanula*), Steppen-Salbei (*Salvia nemorosa*), Gold-Felberich (*Lysimachia punctata*), Prachtscharte (*Liatris spicata*), Sonnenhut (*Rudbeckia*) oder Taglilie (*Hemerocallis*). Voll im Trend ist die Präriekerze (*Gaura lindheimeri*). Sie bringt mit ihren lockeren weißen oder rosafarbenen Blütenrispen Struktur in gemischte Bepflanzungen. Stauden sind die langlebigen Stars auf Balkon und Terrasse. Sommerblumen blühen dagegen nur einen Sommer lang. Aber dafür bringen die verschiedenen Sorten von Kapkörbchen, Goldmarie (*Bidens*), Gazanien, Petunien, kleinen Mini-Petunien (auch als Zauberglöckchen oder *Calibrachoa* bekannt), Verbenen, Pelargonien, Fächerblumen, Elfensporn (*Diascia*) oder Elfenspiegel (*Nemesia*) jedes Jahr farbenfrohe Abwechslung in Ihren Topfgarten.

Profi Tipp von mein schöner Garten

Während der Blütensaison sollten Topfstauden alle zwei Wochen mit Flüssigdünger versorgt werden. Wenn die Stauden blühfaul werden, ist Zeit zum Umtopfen. Dazu werden die Pflanzen im Frühjahr geteilt und nur Teilstücke wieder in Töpfe gesetzt.

Pretty in Pink

Verbenen blühen in vielen unterschiedlichen Rosatönen, vom zarten Violettrosa bis zu einem kräftigen Magenta.

Die Welt durch eine rosarote Brille sehen – wer möchte das nicht? Erfüllen Sie sich diese Wunschvorstellung mit blühenden Topfpflanzen. Es gibt unterschiedliche Beschreibungen für Pink: Für manche Menschen ist es ein kräftiges Rosa, für andere ein zartes Pastellrosa. Aber es gibt für jeden Geschmack die passenden rosa blühenden Topfpflanzen aus dem Reich der Stauden, Rosen, exotischen Kübelpflanzen, Sommerblumen oder winterharten Kübelpflanzen.

Mischen Sie ganz unverblümt und nach Herzenslust romantisches Zartrosa und knalliges Pink. Lassen Sie sich von einem sommerlichen Topfgarten ganz „pretty in pink" verführen.

Profi Tipp von mein schöner Garten

Nicht nur im Sommer können Sie in rosafarbenen Blütenträumen schwelgen: Im Frühjahr begeistern Hyazinthen, Tulpen, Rhododendren und Zier-Kirschen in Rosa. Und im Herbst setzen Alpenveilchen Herbst-Chrysanthemen, Besen-Heide und Erika zum fröhlichen, rosaroten Saisonfinale an.

Rosarote Pflanzenwelt

Unter den exotischen Kübelstars finden Sie eine üppige Auswahl an rosa blühenden Pflanzen. Von pflegeleichten Klassikern wie Schönmalve (*Abutilon*), Engelstrompete (*Brugmansia*), Chinesischem Roseneibisch (*Hibiscus-rosa-sinensis*-Hybriden) oder Oleander (*Nerium*) gibt es rosa blühende Sorten. Diese größeren Pflanzen können das Grundgerüst für Ihren Terrassentraum in Pink bilden. Wer kräftiges Rosa mag, sollte auf Bougainvilleen (*Bougainvillea*) und dunkelrosa blühende Strauchmalven (*Lavatera*) nicht verzichten. Für den mediterranen Topfgarten in Rosa empfiehlt sich die Südseemyrte (*Leptospermum*), die ihre nadelförmigen Blätter mit rosafarbenen Blüten schmückt. Kameliensorten (*Camellia japonica*) zeigen sowohl zarte Rosatöne als auch dunkles Pink.

Schön romantisch wirken die Blüten der Kreppmyrte (*Lagerstroemia*) und Scheinmalve (*Anisodontea*). Die Blüte der Kreppmyrte erinnert an rosafarbene Fliederrispen und die Scheinmalve macht mit malvenähnlichen Blüten ihrem Namen alle Ehre. Geben Sie diesen mediterranen Schönheiten die Begleitung von rosaroten Rosen wie 'Leonardo da Vinci' oder der Zwergrosensorte 'Knirps'.

Das blühwillige Fußvolk bilden die passenden Sommerblumen. Von Petunien, Pelargonien, Verbenen, Kosmeen, Kapkörbchen, Geranien und Zauberglöckchen gibt es Sorten, die in den unterschiedlichsten Rosatönen bezaubern. Sie müssen sich nur Ihre Lieblingsfarben aussuchen.

Romantisch oder frech & modern

Rosafarbene Blüten allein geben noch keinen Gestaltungsstil vor, erst Accessoires und andere Blattschmuck- oder Blühpflanzen sorgen für eine bestimmte Atmosphäre. Mit weißen, verschnör-

Diesen Mix aus pinkfarbenen Bougainvilleen und zartrosafarbenen Hortensienblüten können Sie einige Tage lang genießen, dann sollte die Hortensie aber wieder halbschattig und die Bougainvillee sonnig stehen.

kelten Töpfen, kleinen Steinfiguren oder Weidenkörben als Pflanzgefäße zaubern Sie zum Beispiel ein romantisches Landhaus-Ambiente. Die silbrigweißen Blätter von Lakritzkraut (*Helichrysum petiolare*) oder von Lavendel passen in solch edle Arrangements.
Modern und pfiffig sehen rosafarbene Blüten dagegen in Zinkgefäßen oder maigrünen Töpfen aus. Fügen Sie noch einige Pflanzen mit ausgefallenen Blattformen dazu, wie zum Beispiel Echeverien (*Echeveria pilosa*), Funkien (*Hosta*), Lampenputzergras (*Pennisetum alopecuroides*), Mädchen-Haargras (*Stipa pennata*) oder Zwerg-Bambus (*Pleioblastus pumilus*), und schon entsteht eine peppige, rosarote Wohlfühl-Oase mit Guter-Laune-Garantie.

Machen Sie mal blau

So lässt sich die Blaue Stunde am Abend perfekt genießen: Die Seele baumeln lassen auf einem gemütlichen Stuhl inmitten von Glockenblumen, Rittersporn, Geranien und Männertreu (Lobelia).

Blau ist die Lieblingsfarbe der meisten Menschen. Richten Sie sich mit blau blühenden Topfpflanzen ein Freiluftzimmer ein, in dem Sie Erholung und Entspannung finden – ein Platz zum Blaumachen!

Blaues Blütenmeer

Die Farbe Blau macht kleine Räume optisch größer. Besitzer von kleinen Terrassen oder Balkonen können sich mit blau blühenden Pflanzen so eine große Wohlfühloase erschaffen. Auch auf sehr sonnigen Sitzplätzen sind blau blühende Kübelstars genau das Richtige. Die kühle Ausstrahlung von Blau nimmt hohen Temperaturen ihre bedrückende Wirkung. Wer nicht ganz auf warme, sonnige Farben verzichten möchte, mischt ein paar gelb oder orange blühende Pflanzen ins blaue Blütenmeer, zum Beispiel gelbe oder orange Sorten der Schönmalve (*Abutilon*) oder ein Wandelröschen-Hochstämmchen (*Lantana*). Verwenden Sie nicht zu viele Pflanzen mit diesen kräftigen, warmen Farbtönen, denn sie drängen Blau sonst leicht in den Hintergrund.

Nicht so temperamentvoll, dafür aber sehr edel ist die Kombination von Blau mit Silbergrau. Lavendel, Rosmarin und die Blauraute (*Perovskia abrotanoides*) haben diese Zusammenstellung bereits in sich vereint: Die violettblauen Blüten harmonieren schön mit dem feinen silbergrauen Laub. Sie können diese vornehme Farbmischung nachahmen, indem Sie zu Vanilleblumen, Rittersporn oder Hortensien die samtigen grauen Blätter des Woll-Ziests (*Stachys byzantina*) oder die schmalen, silbrigen Blätter des Heiligenkrauts (*Santolina*) gesellen.

Die Blaue Stunde

Wenn Sie Ihren Sitzplatz hauptsächlich in den Abendstunden nutzen, sollten Sie Pflanzen mit hellblauen Blüten wählen. Das Himmelblau des Bleiwurzes (*Plumbago*) oder der Prunkwinde (*Ipomoea*) leuchtet noch bei wenig Tageslicht, wohingegen die dunklen Blüten des Enzianstrauchs (*Lycianthes*) im Dämmerlicht verschwinden. Zusätzliche Lichtreflexe, sogar in den Abendstunden, bringen weiß blühende Pflanzen. Die Orangenblume (*Choisya ternata*) verzaubert zum Beispiel nicht nur mit ihren hübschen weißen Blütendolden, sondern auch mit feinem Zitrusduft, der den Blüten entströmt.

Passende Deko

Mit den richtigen Accessoires bekommt Ihr blauer Sitzplatz das gewisse Etwas. Teakholzmöbel, die schon eine silbergraue Patina angesetzt haben, harmonieren schön mit frischen Blautönen, aber auch weiße oder blaue Tische und Stühle sind passend. Verwenden Sie blau lasierte Töpfe zu blau blühenden Pflanzen nicht im Übermaß, damit die Töpfe die Wirkung der Blütenfarbe nicht aufheben. Dezenter sind Terrakotta- oder Tontöpfe.
Mit einigen gekonnt platzierten blauen Deko-Kugeln oder einer blauen Wasserschale unterstreichen Sie das kühle Ambiente Ihres blauen Paradieses.

Schaffen Sie sich ein Blütenparadies in der Lieblingsfarbe Blau. Ein echter Dauerblüher ist zum Beispiel der Enzianstrauch, hier als Hochstamm zu sehen. Mit blauen Blüten warten ebenfalls Prinzessinnenblume, Rittersporn, Hortensie, Glockenblume, Vanilleblume und Leberbalsam auf.

Blau blühende Schönheiten

Deutscher Name	Botanischer Name	Besonderheiten
Blauflügelchen	*Clerodendron ugandense*	Wie blaue Schmetterlinge umfliegen die Blüten die Pflanze; Äste regelmäßig einkürzen, damit sie sich verzweigen
Bleiwurz	*Plumbago auriculata*	Traumhafte, himmelblaue Blüten erscheinen an den Triebenden; Pflanze ein Rankgerüst geben
Enzianstrauch	*Lycianthes rantonnetii*	Der starkwüchsige Strauch trägt dunkelviolette Blüten; auch im Sommer zurückschneiden
Garten-Hortensie	*Hydrangea macrophylla*	Blau blühende Sorten an den halbschattigen Standorten verwenden
Lavendel	*Lavandula angustifolia*	Seine duftende Blüten versüßen Ihnen den Sommer; nach der Blüte zurückschneiden
Prinzessinnenblume	*Tibouchina urvilleana*	Pflanze trägt samtweiche Blätter und blauviolette Blüten; Triebe bis Ende Juni öfter einkürzen
Prunkwinde	*Ipomoea tricolor*	Große himmelblaue Trichterblüten trägt diese einjährige Kletterpflanze; klettert bis 3 m hoch
Rittersporn	*Delphinium-*Hybriden	Imposante Blütenkerzen in verschiedenen Blautönen; Rückschnitt der Staude nach der Blüte regt zweite Blüte an
Schmucklilie	*Agapanthus-*Hybriden	Ab Juni zeigen sich blaue Blütenbälle an langen Stielen; nicht oft umtopfen (wenig Wurzelraum fördert die Blühwilligkeit)
Vanilleblume	*Heliotropium arborescens*	Die dunkelblauvioletten Blüten duften verführerisch nach Vanille; eignet sich gut für Hochstämme

Kleiner Rosengarten

Kein Garten ohne Rosen! Also dürfen Sie auch auf keiner Terrasse und keinem Balkon fehlen! Glücklicherweise gedeihen viele Rosensorten nicht nur im Beet, sondern auch im Topf. Der Topfgärtner kann dabei sowohl auf Kletterrosen oder Edelrosen als auch auf Beet- oder flächig wachsende Bodendeckerrosen zurückgreifen. Als Kletterkünstler, der auch im Topf Sichtschutzelemente oder Rankpyramiden erobert, eignet sich zum Beispiel 'Rosarium Uetersen'. Gar nicht hoch hinaus, sondern schön überhängend wachsen Bodendeckerrosen wie die rot blühende 'Red Meidiland' oder die hellgelbe 'Loredo'. Der gefällige Wuchs kommt schön zur Geltung, wenn die langen Blütentriebe malerisch über den Rand von Blumenampeln hinauswachsen. Wer auf seinem Sitzplatz lieber kleine Rosen bewundern möchte oder nicht so viel Platz hat, wählt Zwergrosen. 'Apricot Clementine', 'Knirps' oder 'Honeymilk' werden nicht höher als 50 Zentimeter, blühen aber genauso schön wie ihre großen Schwestern. Sehr beliebt im Topfgarten sind auch Hochstammrosen. So bezaubern zum Beispiel die rosa blühende 'Bonica' oder die rot blühende 'Rotilia' als Rosenbäumchen.

Umgeben von echten Rosen und mit einer romantisch bemalten Rosenwand im Rücken – da fühlen sich Rosenfans wohl.

Im Handel finden Sie speziell für den Topf gezogene Mini-Rosen. Diese Topfrosen, bekannt auch unter dem Namen „Kordana-Rosen", bereichern Balkon und Terrasse einige Wochen lang mit ihren Blüten, sind jedoch nicht so lange haltbar wie Gartenrosen.

Schöne Rosenbegleiter

Genauso wie im Gartenbeet kommen Rosen auch im Topf erst mit den passenden Begleitern gut zur Geltung. Hübsche Rosenkavaliere sind zum Beispiel Schleierkraut (*Gypsophila*), Katzenminze (*Nepeta*), Rittersporn (*Delphinium*), Steppen-Salbei (*Salvia nemorosa*) oder Glockenblumen (*Campanula*). Hochstämmchenrosen können Sie mit niedrigen Stauden unterpflanzen, aber zu den anderen Rosen gesellen Sie die staudigen Begleiter lieber in separaten Töpfen.

Rosen-Praxis

Wichtig für ein gesundes Wachstum von Rosen ist ein großer Topf, gute Erde und ausreichend Dünger sowie regelmäßiges Wässern. Rosen sollten einen mindestens 40 bis 50 Zentimeter hohen Topf bekommen, da sie sehr lange Wurzeln haben. Im Handel gibt es schlanke, extra hohe Rosentöpfe zu kaufen. Als Substrat können Sie normale Kübelpflanzenerde nehmen. Alle zwei bis drei Jahre freuen sich rosige Bewohner über neue Erde.

Stehen die Rosen sehr sonnig, trocknen die Töpfe schnell aus. Wässern Sie also regelmäßig, aber erst in den Abendstunden, wenn die Sonnenstrahlen weniger intensiv sind. Dabei nicht über das Laub gießen, da feuchte Blätter ein idealer Nährboden für Pilzkrankheiten sind. Düngen Sie Rosen nur bis Ende Juni, damit die Triebe noch bis zum Winter ausreifen können und frostfest werden. An einem wind- und sonnengeschützten Platz und gut eingepackt überwintern Ihre Topfrosen problemlos im Freien.

Die Englische Rose 'Anne Boleyn' (Züchter David Austin) verbreitet mit ihren gefüllten, rosafarbenen Blüten romantisches Flair. Sie wird nur zirka 1 m hoch und gedeiht gut in einem ausreichend großen Topf.

Geeignete Rosensorten für Töpfe

Rosensorten	Kategorisierung	Besonderheiten
Bernstein-Rose®	Beetrose	traumhafte, bernsteingelbe, gefüllte Blüten; 40–60 cm hoch; Züchter: Tantau, 1987
Jubilee Celebration®	Englische Rose	lachrosafarbene Blüten; 120 cm hoch; Züchter: David Austin, 2002
Knirps®	Bodendeckerrose	rosafarbene Blüten; 30 cm hoch; Züchter: Kordes, 1997
Mme Boll®	Alte Rose	rosafarbene, gefüllte Blüten, öfter blühend, süßer Blütenduft; 120 cm hoch; Züchter: Boll/Boyau, 1850
Paul Cézanne®	Maler-Rose	panaschierte Blüten in Rosa-, Gelb- und Orangetönen; duftend; 60 cm hoch, Züchter: Delbard, 1992
Rosarium Uetersen®	Kletterrose	tief rosafarbene, gefüllte Blüten; bis 3 m hoch; Züchter: Kordes, 1977

Weitere Rosenbeschreibungen finden Sie auf den Seiten 74/75.

Die Rosensorte 'Knirps' erreicht nur eine Höhe von zirka 30 cm und trägt kleine, rosafarbene Blüten.

Sukkulente – dicke Blätter im Trend

Die neuen Stars im Topfgarten sind dickfleischige Pflanzen: Sie brauchen wenig Pflege, haben faszinierende Wuchsformen und machen schon kleinste Terrassen- oder Balkonecken zu wahren Schmuckstücken. Mit ihren kompakten Blättern, die oft silbrig eingefärbt sind, verbreiten sie südländisches Ambiente. Sukkulenten sind leidenschaftliche Sonnenanbeter. Auch die prallste Mittagssonne kann ihnen nicht schaden, denn in ihren dicken Blättern legen sie Wasservorräte an, die sie in Trockenperioden anzapfen. Außerdem kann durch die starken Blattwände wenig Wasser verdunsten.

Wer wenig Zeit zum Gießen hat, holt sich also am besten Sukkulenten in seinen Topfgarten.

Frostfest oder exotisch

Die bei uns winterharten Sukkulenten Hauswurz (*Sempervivum*) und Fetthenne (*Sedum*) kennt man als robuste Klassiker für die Trockenmauerbepflanzung oder als Steingartenbewohner. Aber auch im Topfgarten begeistern diese Schönheiten. In der Gattung des Hauswurzes gibt es zum Beispiel einen Spinnweben-Hauswurz (*Sempervivum arachnoideum* subsp. *arachnoideum*), dessen Blattrosetten wie von Spinnennetzen überzogen aussehen. Der Gewöhnliche Hauswurz (*Sempervivum tectorum* subsp. *tectorum*), auch Dachwurz genannt, wurde früher auf Dächer gepflanzt, weil man glaubte, er schütze vor Blitzschlag. Heute ist er als Topfpflanze beliebt, die

Hauswurz- und Fetthenne-Arten sind besonders geeignet für Kübel, Kästen und Töpfe.

durch viele kleine Ableger dichte Polster bilden kann. Wenn eine Blattrosette im Sommer blüht, stirbt sie danach ab. Was jedoch nicht weiter tragisch ist, da die umliegenden Ableger die entstandene Lücke schnell schließen.
Eine weitere frostfeste, dickblättrige Pflanze ist die Fetthenne (*Sedum telephium*). Diese Gattung umfasst über 500 Arten, von denen viele bei uns winterfest sind. Der Scharfe Mauerpfeffer (*Sedum acre*) hat kleine, dicke Blätter, wird nur acht bis zehn Zentimeter hoch und breitet sich teppichartig aus. Im Frühjahr schmückt er sich mit kleinen, gelben Blüten. Die Felsen-Fetthenne (*Sedum reflexum*) blüht ebenfalls gelb, hat aber bis zu 30 Zentimeter lange Triebe, die mit kleinen, fleischigen Blättern besetzt sind. Mit roten, silbrig bemehlten Blättern beeindruckt die Colorado-Fetthenne (*Sedum spathulifolium*). Fetthenne und Hauswurz können den Winter zwar draußen verbringen, sollten aber geschützt und regensicher aufgestellt werden.
Frostempfindliche Sukkulenten müssen während der kalten Monate ins Haus geholt werden. Ein heller Platz mit einer Temperatur nicht unter 5 °C ist ideal für Arten wie Agaven, Echeverien, Kalanchoe, Aeonium oder Aloe. Das Einräumen der Pflanzen macht im Herbst zwar etwas Mühe, aber es lohnt sich, denn im Sommer sorgen die dickblättrigen Stars für eine exotische Atmosphäre auf Balkon und Terrasse. In mediterrane Topfgärten passen zum Beispiel die mit langen, spitzen Blättern ausgestattete Agave oder das Rosetten-Dickblatt (*Aeonium arboreum*). *Aeonium* bildet einen über einen Meter hohen, sich verzweigenden Stamm aus. An den Triebenden sitzen die Blattrosetten. Wunderschön ist die Sorte 'Atropurpureum'. Sie hat attraktive dunkelrote Blätter, die viel Sonnenlicht brauchen, weil sie bei Lichtmangel langsam vergrünen. Durch den Wellnesstrend ist die Aloe Vera in Mode gekommen. Ihr Pflanzensaft kann Sonnenbrand, Verbrennungen oder Juckreiz lindern. Abgeerntete Blätter lassen sich zwei Wochen lang im Kühlschrank aufbewahren. Legen Sie sich gleich mehrere Pflanzen zu – als grüne Hausapotheke.
Ihre Sukkulenten-Ecke können Sie je nach Belieben einrichten: Gruppen aus Ton- oder Terrakotta-Töpfen verbreiten mediterrane Atmosphäre. In Zinktöpfchen oder -dachrinnen gepflanzt kommen die dickblättrigen Schönheiten dagegen ganz flott und modern daher. Glänzende Glasmurmeln oder Glasnuggets bringen den letzten Schliff.

Profi Tipp von mein schöner Garten

Sukkulente Pflanzen brauchen ein durchlässiges Substrat. Wählen Sie entweder spezielle Kakteenerde oder eine Mischung aus zwei Drittel normaler Blumenerde und einem Drittel Sand-Kies-Gemisch.

Echeverien haben große, graugrüne Blattrosetten und zeigen gelbrote Blüten. Sie bilden im Laufe der Jahre viele Kindel, die sich abtrennen lassen und zu neuen Pflanzen heranwachsen.

Kräuterparadiese

Legen Sie sich mit Oregano, Rosmarin und Thymian einen stets frischen Kräutervorrat zu.

Mit Töpfen voll aromatischer Kräuter haben Sie Ihren frischen Gewürzschrank in greifbarer Nähe und können sich auf Balkon und Terrasse von himmlischen Düften verwöhnen lassen. Mediterrane Würzkräuter wie Thymian (*Thymus vulgaris*), Lavendel, Currykraut (*Helichrysum italicum*), Rosmarin (*Rosmarinus officinalis*) und Oregano (*Origanum vulgare*) sind Sonnenanbeter und brauchen einen windgeschützten, sonnigen Platz. Stellen Sie die Töpfe einfach auf Blumentreppen. Das ist Platz sparend und jede Pflanze fängt ausreichend Sonne ein.

Zu mediterranen Kräutern passen am besten Terrakotta- oder einfache Tontöpfe. Machen Sie sich nicht die Mühe Kalkablagerungen an den Gefäßen zu entfernen; erst diese Gebrauchsspuren geben den Töpfen nostalgisches Flair. Alle Töpfe müssen ein Wasserabzugsloch haben, da südländische Kräuter empfindlich auf Staunässe reagieren. Es reicht, wenn Sie die Pflanzen im Frühjahr einmal düngen und bei Trockenheit gießen. Arrangieren Sie die Kräutertöpfe so, dass ausreichend Luft an die Blätter gelangt – dann haben Pilzkrankheiten keine Chance. Etwas anspruchsvoller als mediterrane sind die so genannten Salatkräuter wie Schnittlauch und Petersilie: Sie brauchen alle zwei Wochen Dünger.

In einem Kräuter-Topfgarten darf Basilikum (*Ocimum basilicum*) nicht fehlen, denn wer möchte schon auf frisches Basilikum im Tomaten-Mozzarella-Salat verzichten? Der Handel bietet jedoch nicht nur Basilikum-Saatgut in der klassischen Geschmacksrichtung: Es gibt auch Zimt-Basilikum (Sorte 'Cinnamomum') oder ein Zitronen-Basilikum (*Ocimum americanum*), dessen Blätter Desserts verfeinern.

Damit Ihre Topfkräuter in Form bleiben, sollten Sie regelmäßig die Triebspitzen entfernen. Aber das wird bei der Ernte ja ganz von alleine der Fall sein.

Praxis

So kaufen Sie erfolgreich ein

In der Gärtnerei machen schöne Kübelpflanzen Lust auf den Topfgarten. Achten Sie beim Einkauf auf die Qualität der Pflanzen, denn nur erstklassige Ware wird Ihnen Freude bringen.

Pflanzen kaufen

Bevor Sie sich einen Topfgarten anlegen, sollten Sie überdenken, ob die gewünschten Pflanzen zur Größe Ihrer Terrasse oder Ihres Balkons passen. Beachten Sie, dass frostempfindliche Kübelpflanzen ein Winterquartier benötigen. Auch dafür muss ausreichend Platz vorhanden sein. Kaufen Sie nur Pflanzen, die Sie artgerecht unterbringen können. Sonnenhungrige, mediterrane Pflanzen brauchen sonnige Plätze; Fuchsien, Prachtspieren oder Funkien wollen eher schattig stehen.

Kaufen Sie dort Pflanzen, wo Sie fachkundig beraten werden und die Qualität der Pflanzen erstklassig ist, zum Beispiel in Gärtnereien oder guten Gartencentern. Achten Sie auf regelmäßigen Wuchs sowie gesundes Laub und kräftige, gesunde Wurzeln. Eine weitere Bezugsquelle für Kübelpflanzen sind spezielle Versandgärtnereien. Wenn Ihre Lieblinge zu Hause eingetroffen sind, sollten Sie sie zunächst vorsichtig an ihren neuen Freiluftplatz gewöhnen. Im Gewächshaus herangezogene Pflanzen sind keine direkte Sonneneinstrahlung gewöhnt, darum sollten sie die ersten ein bis zwei Wochen einen schattigen Platz bekommen, bis sie sich akklimatisiert haben.

Töpfe auswählen

Der Topf sollte zur Größe der Pflanze passen, damit die Wurzeln genug Platz haben. Beim Material haben Sie die Qual der Wahl: Kunststoffbehälter sind schön leicht und lassen sich gut transportieren. Es gibt inzwischen tolle Terrakotta-Nachbildungen, die erst beim Anfassen als Kunststoffgefäße zu erkennen sind. Plastiktöpfe können Sie auch in vielen unterschiedlichen Farben und Formen bekommen. Praktisch sind

Behälter mit eingebautem Wasserspeicher, der die Gießarbeit verringert. Ein Nachteil von Kunststoffgefäßen ist, dass sie sich stark erwärmen und so auch die Pflanzenwurzeln überhitzen können. Außerdem sind Plastiktöpfe nicht so standfest wie schwere Terrakotta-Gefäße, die auch gut zu mediterranen Kübelpflanzen passen und südländisches Flair verbreiten. Wenn Sie Wert auf frostfeste Ware legen, sollten Sie Terrakotta-Töpfe aus dem italienischen Impruneta kaufen. Diese hochwertigen Töpfe sind so gebrannt, dass kein Wasser eindringen kann, was bei Frost zu Rissen führen könnte. Nicht frostfest, aber angenehmer im Preis, sind Kübel aus Ton. Allerdings verdunstet durch den Topf Wasser, er muss deshalb häufiger

Einkaufstipps

Links: Kaufen Sie möglichst keine Töpfe, deren Öffnung kleiner ist als die Topfmitte. Müssen Pflanzen, die in solchen Töpfen wachsen, umgetopft werden, ist die Zerstörung des Topfes oft die einzige Möglichkeit, den durchwurzelten Ballen herauszubekommen.

Rechts: Im Topfgarten kommt es nicht nur auf die Pflanzenqualität an, auch die Wahl der richtigen Erde und der passenden Töpfe ist wichtig. Verwenden Sie spezielle Kübelpflanzenerde. Diese speichert Nährstoffe, schrumpft bei Trockenheit nicht stark zusammen und beinhaltet bei Nässe noch ausreichend Sauerstoff. Die Töpfe müssen ein Wasserabzugsloch im Boden haben.

Einfache Tontöpfe sind leider nicht frostfest. Echte Terrakotta-Töpfe (Impruneta-Terrakotta) überstehen dagegen auch Minusgrade.

gegossen werden. Andere gängige Topfmaterialien sind glasiertes Steingut, Holz oder Zink.

Die richtige Erde und wichtiges Zubehör

Wählen Sie spezielle Kübelpflanzenerde, die auch bei häufigem Gießen nicht verschlämmt und Nährstoffe gut speichern kann. Im Handel finden Sie Spezialerde für bestimmte Pflanzengruppen zum Beispiel für Kakteen oder Zitruspflanzen. Die Zusammensetzung dieser Substrate ist den besonderen Ansprüchen der Pflanzen angepasst. Legen Sie sich auch gleich einen Düngervorrat an (siehe auch Seite 42/43).

Zur Grundausstattung eines Topfgartens gehören unter anderem noch Topfuntersetzer, eine Handschaufel und eine Gartenschere, Stäbe, Anbindebast- oder -schnur und natürlich eine Gießkanne. Praktisch sind auch Pflanzenroller, auf die Sie große Kübelpflanzen stellen und mühelos bewegen können.

Überwintern, Ausräumen und Umtopfen

Einige Topfpflanzen können zwar im Freien überwintern, aber sie müssen mit Kokosmatten, Noppenfolie oder Schilfmatten vor Frost geschützt werden. Füllen Sie als zusätzlichen Schutz Laub oder Stroh in die Matten.

Überwinterung

Frostharte Kübelpflanzen wie Buchsbaum, verbringen den Winter im Freien. Aber auch diese Pflanzen brauchen Schutz vor Frost, Nässe und der Wintersonne. Vor Minusgraden schützen Kokos-, Bast- oder Schilfmatten, die um die Töpfe gewickelt und mit Laub oder Stroh aufgefüllt werden. Damit die Töpfe nicht am Boden festfrieren oder sich Stauwasser bilden kann, sollten Sie sie auf kleine Füßchen, Korkstücke oder Styropormatten stellen. Immergrüne Pflanzen leiden besonders, wenn sich die Sonne bei frostigen Temperaturen zeigt. Gegen ein Austrocknen sollten Sie die Blätter mit einem Vlies schützen. Alle Topfpflanzen müssen auch im Winter gegossen werden, wenn auch nur in geringen Mengen.

Gegen Herbstende wird es vielen südländischen Kübelpflanzen draußen zu kalt. Sie müssen jetzt in ihr häusliches Winterquartier umziehen. Aber Vorsicht: Denken Sie beim Transportieren der schweren Töpfe an Ihren Rücken. Mit Sackkarren oder Tragegurten fällt der Pflanzenumzug leichter und Ihre Bandscheibe freut sich. Pflanzen, die leichten Frost vertragen wie Bleiwurz, Zylinderputzer oder Klebsame, können etwas später ins Haus geräumt werden und haben im Frühjahr zeitiger wieder Freigang. Je kürzer Pflanzen im Winterlager sind, desto besser, denn optimal sind die Bedingungen nie. Ein gutes Winterlager geben Sie den Pflanzen, wenn Sie sie an einen hellen, kühlen Platz stellen, zum Beispiel in eine Garage mit Fenstern, in ein helles Treppenhaus oder einen unbeheizten Wintergarten. Nur Laub abwerfende Pflanzen wie der Granatapfel (*Punica*) oder der Feigenbaum (*Ficus carica*) können dunkel überwintert werden. Im Winterquartier sollten 5 bis 10 °C herrschen. Höhere Temperaturen würden die Vegetationspause der Pflanzen stören. Wässern Sie nur, wenn sich die Erde trocken anfühlt. Es gilt die Faustregel: Je kälter die Räume, um so weniger wird gegossen. Kranke Blätter und Triebe sollten Sie regelmäßig entfernen und die Pflanzen auf Schädlinge und Krankheiten untersuchen. Lüften Sie oft, denn hohe Luftfeuchtigkeit im Raum ist der ideale Nährboden für Pilzkrankheiten.

Transportieren Sie große Kübelpflanzen mit einer Sackkarre. So schonen Sie Ihren Rücken. Eine andere Alternative sind Tragegurte, mit denen zwei Personen eine Pflanze bequem tragen können.

Ausräumen

Sind Mitte Mai die Eisheiligen überstanden, dürfen alle Pflanzen ihr Winterdomizil verlassen und wieder frische Luft schnuppern. Der Umzug auf Balkon und

So topfen Sie richtig um

1. Kübelpflanzen werden im Frühjahr umgetopft. Dazu wird der Wurzelballen vorsichtig mit einem ausrangierten, langen Küchenmesser vom Topfrand gelöst. Lockern Sie den Wurzelballen mit der Hand oder dem Messer vorsichtig auf.

2. Füllen Sie in den neuen Topf eine ungefähr 5 cm hohe Schicht aus Blähton. Diese kleinen, Wasser speichernden Tonkugeln schützen die Wurzeln vor Stauwasser und dienen als Dränage.

3. Unter die Kübelpflanzenerde wird Langzeitdünger gemischt, damit die Pflanze ausreichend Nahrung hat. Am besten füllen Sie die Erde in einen Eimer, geben den Dünger dazu und vermischen beides mit einer Handschaufel.

4. Beim Einpflanzen kommt zunächst eine Schicht Erde in den Topf, auf die nun die Pflanze gestellt wird. Dann die Seiten mit Erde auffüllen und fest andrücken. Zum Schluss kräftig wässern.

Terrasse kann beginnen. Nach den vielen Monaten im Haus sind die Pflanzen keine Sonne mehr gewöhnt und bekommen – wie wir Menschen – leicht Sonnenbrand. Stellen Sie Ihre Topflieblinge zunächst für ein oder zwei Wochen an einen schattigen Platz, damit diese sich langsam an die Sonne gewöhnen. Nun wird mehr gegossen, schließlich soll der Neuaustrieb angeregt werden.

Umtopfen

Unter Umständen steht vor dem Ausräumen noch eine Arbeit auf dem Topfgarten-Programm: das Umpflanzen. Glücklicherweise müssen jedoch nicht alle Pflanzen jedes Jahr einen neuen Topf bekommen. Aber wenn die Erde so durchwurzelt ist, dass man beim Herausziehen des Ballens nur noch weißes Wurzelmark sieht und fast keine Erde mehr oder bereits Wurzeln aus dem Wasserloch wachsen, wird es höchste Zeit umzutopfen. Das neue Gefäß sollte allerdings nur einen zwei bis fünf Zentimeter größeren Durchmesser als das vorherige haben, damit die Pflanze schnell einwurzeln kann. Zu große Töpfe werden zu langsam durchwurzelt und aus der Erde werden wertvolle Nährstoffe ausgewaschen. Tontöpfe sollten Sie vor dem Topfen für einige Stunden ins Wasser legen, damit diese sich mit Wasser voll saugen können und später der Pflanzerde keine Feuchtigkeit entziehen.

Ältere Pflanzen, die ihre Topfgröße behalten sollen, brauchen Sie nur alle zwei bis drei Jahre umzutopfen. Um Platz für neue Erde zu schaffen, werden mit einem Messer Keile aus dem durchwurzelten Erdballen herausgeschnitten. Diese Hohlräume können Sie mit frischem Substrat und Langzeitdünger auffüllen.

Profi Tipp von mein schöner Garten

Zum Schutz von draußen überwinternden Topfpflanzen bietet die Natur das beste Material: Tannenreisig baut ein Wärmepolster auf, schattiert, hält Niederschlag fern und schützt vor Wind. Gönnen Sie Ihren Kübelpflanzen im Winter eine schützende Reisigschicht.

Richtig schneiden

Das Beschneiden von Kübelpflanzen fällt rund ums Jahr an: Vor dem Einzug ins Winterquartier können Sie große Kübelpflanzen um ein Drittel bis zwei Drittel zurückschneiden. Enzianstrauch, Bougainvilleen, Engelstrompeten oder Fuchsien sind solche Rückschnitts-Kandidaten. Später im Winterquartier müssen dann kranke Äste herausgeschnitten werden. Dabei gilt es – wie bei allen anderen Schneidearbeiten auch –, auf gründliche Hygiene zu achten. Verwenden Sie nur scharfe Scheren oder Sägen, damit den Trieben nicht durch ausgefranste Schnitte zu große Wunden zugefügt werden. Reinigen Sie die Schneidewerkzeuge, wenn Sie mit einer Pflanze fertig sind, um Krankheitserreger nicht zu übertragen.

Zu groß gewordene Kübelpflanzen können im Herbst vor der Überwinterungsphase zurückgeschnitten werden.

Wenn nach der Winterpause die Topfpflanzen wieder frische Luft schnuppern dürfen, ist auch die Zeit der Verjüngungsschnitte gekommen. Noch vor dem Austrieb werden bei zu dicht gewordenen Pflanzen einige alte Triebe entfernt. So entsteht Platz für neues, vitales Holz und viele Blütentriebe.

Während des ganzen Sommers können Sie stark wachsende Kübelpflanzen, wie den Enzianstrauch, immer wieder einkürzen. Schneiden Sie lieber häufiger und dafür nicht so stark, als selten und viel. Denn einen Rückschnitt bis ins alte Holz vertragen viele Kübelpflanzen nicht.

Bei allen Schnittarten werden die Triebe kurz über einem Auge mit einem leicht schrägen Schnitt entfernt, so dass Wasser vom Auge weg laufen kann.

In Form geschnittene Kübelpflanzen, zum Beispiel Buchsbaum, werden im Frühjahr und wenn nötig noch einmal gegen Ende Juni geschnitten. Wer beim Formschnitt kein Risiko eingehen möchte, baut sich vorher eine passende Pappschablone als Schneidehilfe. Wenn Sie eine Form nicht erhalten, sondern erst aufbauen wollen, dürfen Sie die neuen Triebe natürlich nicht jedes Mal vollständig abschneiden. Bei einem Rückschnitt um zwei Drittel bleibt genug junges Holz stehen, das sich wieder verzweigen kann.

Lavendel nach der Blüte um ein Drittel zurückschneiden, damit er buschig bleibt.

Buchsbaum wird mit speziellen Buchsscheren oder Heckenscheren gestutzt. Beim Lorbeer werden die einzelnen Triebe mit der Handschere eingekürzt.

So entsteht ein Hochstämmchen

1. Ein Hochstämmchen aus einem Enzianstrauch oder Wandelröschen selbst zu ziehen ist gar nicht schwer. Zunächst entfernen Sie die Seitentriebe an einer kräftigen, gerade gewachsenen Jungpflanze. Die Hauptspitze bleibt stehen. Ein Bambusstab verhindert das Umknicken des Stammes.

2. Der Haupttrieb wird gekappt, wenn er die Höhe erreicht, in der die Krone ansetzen soll. Auch Seitentriebe, die sich neu bilden, müssen mit einer sauberen, scharfen Schere entfernt werden. Wächst der Stamm schnell, wird der Anfangsstab gegen einen höheren Stab gewechselt.

3. In den nächsten Monaten werden die Triebe der Krone immer wieder eingekürzt, damit sie sich gut verzweigen. So entsteht eine schöne, dichte Krone. Erst im darauf folgenden Jahr können Sie mit dem ständigen Rückschnitt aufhören. Dann werden sich Blüten bilden.

Pflege muss sein

Kübelpflanzen brauchen im Sommer ausreichend Pflege, um ihre ganze Schönheit zeigen zu können. Regelmäßiges Gießen und Düngen sind die wichtigsten Arbeiten.

Wasser ist die Lebensquelle

Wenn Pflanzen ihre Blätter hängen lassen und die Topferde sich vom Topfrand löst, wird es höchste Zeit wieder zur Gießkanne zu greifen. Gleichmäßiges Gießen vertragen die Pflanzen jedoch besser als stressige Trockenzeiten zwischen den einzelnen Gießgängen. Am besten wird morgens oder abends gewässert. Ideal ist kalkarmes Wasser, zum Beispiel Regenwasser. Kaltes, frisch aus der Leitung oder aus dem Grundwasserbrunnen kommendes Gießwasser sollte sich erst erwärmen, damit die Pflanzen keinen Kälteschock bekommen. Verabreichen Sie jeder Pflanze nur so viel Wasser, wie sie innerhalb einer halben Stunde aufnehmen kann. Überschüssiges Wasser wird danach aus den Untersetzern entfernt. Kleinere Pflanzen werden über den Untersetzer gegossen, aber ab und zu auch von oben, um Nährsalzablagerungen in der Erde auszuwaschen.

Sommerzeit ist auch Urlaubzeit. Damit die Pflanzen während Ihrer Abwesenheit nicht verdursten, denken Sie rechtzeitig daran, einen „Blumen-Sitter" zu organisieren. Wer nur übers Wochenende wegfährt, kann die Pflanzen mit Hilfe einer Wasser gefüllten Plastikflasche versorgen. Die volle Flasche wird umgedreht in die Erde gesteckt und gibt je nach Bedarf Wasser ab. So funktionieren

Profi Tipp von mein schöner Garten

Pflanzen brauchen unterschiedlich viel Wasser. Als Faustregel gilt: Pflanzen mit behaarten, ledrigen, dickfleischigen oder kleinen Blättern wie Lavendel, Klebsame oder Echeverie brauchen wenig Wasser. Viel Wasser benötigen Pflanzen mit großen, weichen Blättern wie Engelstrompeten und Hortensien.

Düngen: Verteilen Sie den Langzeitdünger auf der Erde. Je nach Topfgröße sind unterschiedliche Mengen nötig.

Harken: Mit einer kleinen Handharke wird der Dünger gründlich, aber vorsichtig in die Erde eingearbeitet.

Wässern: Wässern Sie zum Schluss kräftig, damit die Düngerkugeln eingeschwämmt werden und sich auflösen.

auch die so genannten Bewässerungskugeln. Eine professionellere und auch über längeren Zeitraum praktikable, aber natürlich teurere Lösung, sind Bewässerungsautomaten. Sie werden an den Wasserhahn angeschlossen, programmiert und geben automatisch Wasser an die Pflanzen ab.

Pflanzen richtig düngen

Kübelpflanzen brauchen in ihrer Wachstumszeit reichlich Nahrung. Verwenden Sie nach Bedarf Blühpflanzen- oder Grünpflanzendünger. Der Unterschied zwischen den Düngerarten liegt in der Zusammensetzung der Nährstoffe: Im Blühpflanzendünger ist mehr Phosphor enthalten. Außerdem gibt es die Unterscheidung zwischen organischem und mineralischem Dünger. Organische Dünger wie Guano oder Hornspäne wirken nicht sofort, da Bodenorganismen die Nährstoffe erst zersetzen müssen, bevor die Pflanzen sie aufnehmen können. Bei akuten Mangelerscheinungen, wie sich gelb färbende Blätter, ist also organischer Dünger ungeeignet. Nehmen Sie lieber mineralischen Dünger, der den Pflanzen schnell verfügbar ist. Gut geeignet für Kübelpflanzen ist ein mineralisch-organischer Volldünger, der beide Düngerarten enthält. Im Handel gibt es auch Langzeitdünger für Kübelpflanzen. Er wird in die Topferde eingearbeitet und gibt über einen längeren Zeitraum – drei bis fünf Monate sind ideal– die benötigten Düngermengen an die Pflanzen ab. Pflanzen, die viel Dünger brauchen wie Oleander, sollten Sie zusätzlich wöchentlich Flüssigdünger gönnen. Für Zitruspflanzen gibt es speziellen Zitrusdünger, der das von den Pflanzen benötigte Eisen in ausreichender Menge beinhaltet. Allgemein wird in der Vegetationszeit von März bis Ende September gedüngt. Kübelpflanzen, die im Freien überwintern, sollten das letzte Mal gegen Ende Juli gedüngt werden, damit die Triebe bis zum Winter noch ausreifen. Pflanzen, die im Haus überwintern, bekommen den letzten Dünger zwischen Ende August und Mitte September. Dosieren Sie Dünger nach den Anweisungen auf der Verpackung. Zu starke Düngerkonzentrationen verbrennen die Wurzeln.

Schwere Grapefruit-, Orangen- oder Zitronenfrüchte müssen vorsichtig festgebunden werden.

Die restliche Sommerpflege

Außer Gießen und Düngen stehen noch ein paar weitere Punkte auf dem Sommerpflege-Programm: So sollten Sie Topfpflanzen regelmäßig auf Krankheiten und Schädlinge untersuchen, um rechtzeitig eingreifen zu können (Pflanzenschutz siehe Seite 44/45). Bei blühenden Kübelpflanzen werden die alten Blütenstände entfernt. Kranke, faulige, alte und vertrocknete Blätter sollten Sie von der Pflanze aber auch vom Boden aufsammeln, da sich hier Pilzkrankheiten ansiedeln können.

Lange Triebe und schwere Früchte müssen angebunden werden. Achten Sie darauf, die Äste nicht zu fest einzuschnüren, damit die Pflanze nicht verletzt wird. Am besten eignen sich zum Anbinden Natur- oder Kunststoffbast. Stark wachsende Kübelpflanzen, zum Beispiel der Enzianstrauch, werden auch im Sommer zurückgeschnitten (Thema „Schnitt“ siehe auch Seite 40/41).

Pflanzenschutz

Blattläuse treten zunächst an Blüten und an den Triebspitzen auf. Entfernen Sie diese Pflanzenteile.

Die beste vorbeugende Maßnahme gegen kranke Pflanzen ist ein optimaler Standort. Stellen Sie die Pflanzen nicht zu eng nebeneinander. Die Luft muss zirkulieren können, denn heiße, trockene Luft begünstigt einen Schädlingsbefall. Außerdem sollten Sie auf die Hygiene achten: Alte Töpfe müssen vor dem Neugebrauch mit heißem Seifenwasser gewaschen, faule oder kranke Blätter sofort entfernt und entsorgt werden. Ein Rückschnitt darf nur mit sauberem Werkzeug erfolgen. Auch durch richtige Pflege halten Sie Ihre Kübelpflanzen gesund: Beim Gießen sollten Sie die Blätter nicht benässen, da nasse Blätter von Pilzkrankheiten befallen werden. Düngen Sie nicht zu viel, denn überdüngte Pflanzen bekommen schwammiges, krankheitsanfälliges Gewebe.

Suchen Sie Ihre Pflanzen regelmäßig nach Schädlingen und Krankheiten ab – im Sommer aber auch während der Überwinterungsphase. Je eher der Schaden erkannt wird, desto besser sind die Heilungschancen. Sind ihre Pflanzen doch einmal krank geworden, sollten Sie zunächst die Schadensursache bestimmen und dann im Fachhandel nach nützlingsschonenden Gegenmitteln fragen. Oft helfen auch mechanische Maßnahmen wie ein Absammeln der Schädlinge oder das Abschneiden der befallenen Pflanzenteile. Außerdem können Sie zum Beispiel selbst gemachte Seifenlaugen verwenden.

Befall durch Schädlinge

Blattläuse befallen zunächst Knospen und Triebspitzen. Schneiden Sie diese Pflanzenteile ab oder spritzen Sie die Läuse mit einem Wasserstrahl weg. Besprühen Sie die Pflanze mit Spiritus-Schmierseifenmischung. Bei zu warmer Überwinterung treten Schild-, Woll- oder Schmierläuse auf. Die braunen oder weißen schildartigen Läuse sitzen meist auf den Blattunterseiten oder an den Zweigen und verursachen durch ihre Ausscheidungen klebrige Blätter. Kratzen Sie die Läuse ab und waschen Sie den Honigtau weg. Paraffinöl verstopft die Atmungsorgane der Läuse. Thripse sind ebenfalls bei zu warmer Überwinterung ein Problem. Sie zeigen sich durch silbrig punktierte Blätter und blattunterseits durch bräunliche Saugstellen. Weiße Fliegen sitzen auf den Blattunterseiten. Sie werden von Gelbtafeln angelockt. Gelbtafeln sollten Sie nur im Winterquartier einsetzen, da sie auch Nützlinge anlocken. Bei einem Befall mit Spinnmilben sehen die Blätter weiß punktiert aus

Wenn Blätter bei feucht-warmem Wetter nicht abtrocknen können, verbreitet sich schnell Echter Mehltau.

und es entstehen Gespinste in den Blattachseln. Setzen Sie spezielles Pflanzenschutzmittel gegen Spinnmilben ein.

Befall durch Pilzkrankheiten

Feuchte, warme Witterung fördert die Bildung von Pilzkrankheiten. Echter Mehltau ist am weißen oder braunen Belag auf den Blattoberseiten und den -unterseiten zu erkennen. Der Falsche Mehltau zeigt sich nur blattunterseits durch einen weißen oder braunen Belag. Grauschimmel verursacht braungraue Flecken auf Blättern, Stielen und Blüten. Er kann bei Stickstoffüberdüngung auftreten. Rostfarbene Flecken auf der Blattoberseite und kleine Pusteln auf der Blattunterseite sind die Symptome für Rostpilze. Wenn sich ein schwarzer Belag auf den Blattoberseiten zeigt, handelt es sich um Rußtau. Dieser Pilz siedelt sich auf dem Honigtau von Läusen an.

Befall durch Bakterien

Der Oleanderkrebs tritt mit runden, gelb umrandeten Blattflecken, Rindenwucherungen und verkrüppelten Blüten auf. Entfernen Sie befallene Pflanzenteile. Eine Heilung ist nicht möglich.
Pelargonien bekommen welke, gefleckte Blätter und eine Stängelgrundfäule durch die Pelargonienwelke. Kranke Teile der Pflanzen müssen entfernt werden. Die Krankheit ist ebenfalls nicht heilbar.

So vertreiben Sie Pflanzenschädlinge

1. Mit einem harten, kalten Wasserstrahl vertreiben Sie Blattläuse und Weiße Fliegen ganz ohne Einsatz von Insektiziden. Einige Tage hintereinander wiederholen.

2. Blattläuse und Spinnmilben siedeln sich zunächst an den Triebspitzen an. Werden diese Bereiche sofort abgeschnitten, lässt sich der Schädlingsbefall eindämmen.

3. Mit Leim bestrichene Gelbtafeln fangen unter anderem Weiße Fliegen oder Trauermücken ein. Die Insekten fühlen sich von Gelb angezogen und bleiben kleben.

4. Schädlinge wie Schnecken oder Rüsselkäfer werden nachts abgesammelt. Raupen finden Sie tagsüber an den Blättern. Setzen Sie die Tiere in der freien Landschaft wieder aus.

5. Woll-, Schild- oder Blattläuse bekämpfen Sie mit einer Spiritus-Seifenmischung (1 l Wasser, 1 Messerspitze Schmierseife und 1 Verschlusskappe Spiritus). Pflanzen damit besprühen.

6. Ameisennester sind in Pflanzgefäßen auf Balkon und Terrasse generell unerwünscht. Sie vertreiben die Ameisen mit ein paar mehrstündigen Tauchbädern der Wurzeln.

So vermehren Sie Ihre Kübelpflanzen

Wer träumt nicht von üppigen Kübelpflanzen zum Nulltarif? Mit ein bisschen Geschick und ein wenig Geduld können Sie durch Aussaat, Stecklinge oder Teilen Ihre Topflieblinge selbst vermehren.

Aussaat

1. *Anzuchtserde in eine Schale mit Wasserabzugslöchern füllen. Die Erde glatt streichen und gut andrücken.*

2. *Samenkörner verteilen. Samen mit einer dünnen Erdschicht überdecken. Lichtkeimer bleiben offen liegen.*

3. *Die Erde mit einer Sprühflasche befeuchten und die Schale mit einer Glasplatte abdecken.*

4. *Wählen Sie einen hellen aber nicht zu sonnigen Standort. Eine Heizmatte erhöht die Bodentemperatur.*

Pflanzen vermehren durch Aussaat

Gärtnereien, Gartencenter oder spezielle Samenversandfirmen bieten Kübelpflanzensamen an. Kaufen Sie nur frisches Saatgut, denn ältere Samen verlieren ihre Keimfähigkeit. Die Ansprüche der Samenkörner sind auf den Verpackungen angegeben und sollten stets beachtet werden.

Manche Pflanzen sind Lichtkeimer und brauchen keine Erdabdeckung, andere sind Dunkelkeimer und sprießen erst unter einer Erdschicht. Aber nicht nur gekaufte Samen, sondern auch Urlaubsmitbringsel wie Klebsamen- oder Dattelsamen in die Erde zu stecken, ist für Topfgarten-Fans immer wieder spannend. Ungefähr ab März können Sie mit Ihren Aussaaten beginnen, wenn Sie sie im Zimmer auf der Fensterbank aufstellen.

Durch Aussaat werden Kräuter wie Dill, Petersilie, Oregano, Basilikum oder Thymian vermehrt. Bei den Kübelpflanzen können zum Beispiel Engelstrompete (*Datura*), Klebsame (*Pittosporum*), Kreppmyrte (*Lagerstroemia*), Zylinderputzer (*Callistemon*) oder Zitruspflanzen ausgesät werden. Zitruspflanzensamen müssen allerdings vor der Aussaat zwei Wochen in den Kühlschrank, da sie Kältekeimer sind. Leider haben die ausgesäten Zitruspflanzen oft nicht die Eigenschaften wie die Mutterpflanze, sondern blühen und fruchten schlechter.

Pflanzen vermehren durch Teilung oder Stecklinge

Wenn Sie Pflanzen teilen oder durch Stecklinge vermehren, erhalten Sie eine exakte Kopie der Mutterpflanze. Positive Eigenschaften der Mutterpflanze wie eine reiche Blüte, aber auch schlechte Merkmale, zum Beispiel ein kümmerlicher Wuchs, finden sich bei der neuen Pflanze wieder. Achten sie deshalb besonders darauf, nur gesunde Pflanzen durch Teilen oder Stecklinge zu vermehren.

Die beste Zeit für diese vegetative Vermehrung ist das Frühjahr oder der zeitige Sommer. Beim Rückschnitt nach dem Ausräumen aus dem Winterquartier können Sie die ersten Stecklinge ernten. Im Frühsommer beim Rückschnitt des Frühjahrsaustriebs fallen wieder viele Äste an, die sich als Stecklinge eignen. Problemlos durch Stecklinge lassen sich Oleander, der Enzianstrauch, Bleiwurz, Fuchsien, die Engelstrompete, Lavendel oder der Roseneibisch vermehren. Dabei bilden die Stecklinge von Oleander und Engelstrompete sogar im Wasserglas neue Wurzeln und brauchen keine Erde.

Eine weitere Möglichkeit Topfpflanzen zu vermehren ist das Teilen. Horstartig wachsende Stauden wie Frauenmantel, Zier-Gräser, Kräuter wie Zitronenmelisse oder Minze-Arten und auch einige Kübelpflanzen, zum Beispiel Schmucklilien, werden im Frühjahr geteilt. Der Wurzelballen wird mit der Hand und bei größeren Exemplaren mit dem Spaten zerteilt. Die abgetrennten Pflanzenteile bekommen einen eigenen Topf und ein bisschen Dünger als Starthilfe. Kultivieren Sie nur gesunde Pflanzenteile weiter.

Noch eine andere Vermehrungsmethode haben Agaven oder Zier-Bananen entwickelt. Sie bilden so genannte Kindel aus. Das sind kleine, neue Pflanzen, die bei ausreichender Größe und genügend eigenen Wurzeln abgenommen werden können.

Der Hammerstrauch (Cestrum elegans) *wird im Frühjahr durch Stecklinge vermehrt.*

Stecklinge

1. Im Frühsommer 8 bis 10 cm lange, ausgereifte, noch nicht verholzte Triebe abschneiden. Alle Blätter bis auf die obersten 3 bis 4 Stück entfernen.

2. Als Verdunstungsschutz große Blätter um die Hälfte einkürzen. Anzuchterde ins Gefäß füllen, andrücken und mit einem Stift oder Pikierstab Löcher bohren.

3. Stecklinge einsetzen und gießen.

4. Eine Abdeckhaube sorgt für hohe Luftfeuchtigkeit. Öfter lüften. Wenn sich neue Wurzeln und Triebe gebildet haben, wird umgetopft.

Jahresfahrplan

Januar

- Winterschutz im Freien überprüfen.
- Im häuslichen Winterquartier öfter lüften; auf Krankheiten und Schädlinge kontrollieren.

Februar

- Im Winterquartier treiben die ersten Pflanzen aus, diese möglichst hell stellen und häufiger gießen.
- Im nächsten Monat wird umgetopft. Jetzt schon alte Pflanztöpfe reinigen. Kalkausblühungen an Ton- und Terrakotta-Gefäßen lassen sich mit Essigwasser und Bürste entfernen. Blähton für die Dränage, Töpfe, Stäbe und Rankgitter etc. kaufen.

März

- Aussaat auf der Fensterbank kann beginnen.
- Pflanzen umtopfen und gleich mit Langzeitdünger versorgen.
- Stauden werden bei Bedarf geteilt.
- Vor dem Austrieb noch Rückschnitt/Verjüngungsschnitt von alten Pflanzen und Erziehungsschnitt von jüngeren Pflanzen.
- Stark wachsende Pflanzen schon düngen.
- Im Winterquartier verstärkt auf Läuse und Blasenfüße (Thripse) achten, die sich bei den wärmeren Temperaturen schnell ausbreiten.
- In Form geschnittenen Buchsbaum zum ersten Mal schneiden.

April

- Draußen den ersten Winterschutz entfernen, aber Pflanzen bei Spätfrostgefahr wieder einpacken.
- Pflanzen im Winterquartier vor zu starker Sonneneinstrahlung durch Schattierung schützen.

Mai

- Ab Mitte Mai können auch frostempfindliche Kübel wieder nach draußen gestellt werden; bei diesen Pflanzen mit der Düngung beginnen; Pflanzen erst ans Sonnenlicht gewöhnen.
- Das Winterquartier gründlich reinigen.

Juni

- Welke Blüten entfernen.
- Stark wachsende Pflanzen zurückschneiden; junge Triebe für Stecklinge verwenden.
- Junge Pflanzen einkürzen, damit sie sich besser verzweigen.
- Am Monatsende zweiter Formschnitt, zum Beispiel bei Buchsbaum.

Juli

- Wässern nicht vergessen.
- Pflanzen, die draußen überwintern, bekommen Ende Juli ihre letzte Düngerration.

August

- Wässern und Düngen nicht vergessen.
- Kontrollieren, dass festgebundene Triebe nicht eingeschnürt werden.
- Große Pflanzen vor Windstößen schützen.
- Pflanzen, die im Haus überwintern, werden Ende August bis Mitte September das letzte Mal gedüngt.

September

- Die ersten kalten Nächte sind möglich; kälteempfindliche Pflanzenarten sollten dann ins Haus geräumt werden.

Oktober

- Frostempfindliche Pflanzen beziehen ihr Winterquartier; zu groß gewordene Pflanzen einkürzen.

November/Dezember

- Im Freien überwinternde Pflanzen müssen spätestens jetzt winterfest eingepackt werden.
- Immergrüne draußen gießen.
- Pflanzen im häuslichen Winterquartier versorgen.

Porträts

Klassiker

Schönmalve

Abutilon x hybridum

Blüte: gelb, orange, rosa, rot, weiß von Mai bis September; becherförmig. **Blatt:** mittel- bis dunkelgrün, 3- bis 5-lappige Blätter. **Wuchs:** 1,50 m hoch, 1,20 bis 2 m breit, aufrecht buschig. **Licht:** sonnig. **Pflege:** mittlerer bis hoher Düngebedarf; regelmäßig gießen; regelmäßig ausputzen. **Überwinterung:** frostempfindlich, nicht winterhart, bei 10 °C an einem hellen Standort. **Besonderheiten:** pflegeleicht; im Sommer zurückschneiden, damit Kronen kompakt bleiben; auffallende Blüten.

Schmucklilie

Agapanthus-Hybriden

Blüte: blass- bis dunkelblau von Juni bis August; trompetenartig. **Blatt:** sattgrün, glatt. **Wuchs:** 0,60 m hoch und 0,50 m breit, aufrecht, horstbildend. **Licht:** sonnig. **Pflege:** hoher Düngebedarf; regelmäßig gießen. **Überwinterung:** nicht winterhart, bei mindestens 3 °C überwintern, bei dunklem Stand zieht die Pflanze im Winter völlig ein, dann verzögert sich die Blüte, heller Platz ist besser. **Besonderheiten:** pflegeleicht; nicht oft umpflanzen, da enger Wurzelraum Blütenreichtum fördert.

Weitere Klassiker

Strauchmargerite *Argyranthemum frutescens* blüht strahlenförmig gelb, weiß, rosa von Mai bis Oktober; auch als Hochstämmchen. **Licht:** sonnig. **Pflege:** hoher Düngebedarf; gleichmäßig gießen; pflegeleicht, verwelkte Blüten regelmäßig entfernen. **Überwinterung:** bei mindestens 3 °C an einem hellen Standort.

Goldmarie, Goldzweizahn *Bidens ferulifolia* blüht goldgelb von Mai bis Oktober; Blüten duften; stark wachsend, überhängend; dekorative Ampelpflanze. **Licht:** sonnig. **Pflege:** hoher Düngebedarf; regelmäßig und viel gießen; pflegeleicht, regelmäßig ausputzen und verblühte Pflanzenteile zurückschneiden, kurzlebig.

Engelstrompete

Brugmansia-Hybriden

Blüte: weiß, gelb, rosa, violett von Juni bis September; trompetenförmig. **Blatt:** hell- bis mittelgrün. **Wuchs:** 1,50 m hoch, 1 bis 2,50 m breit, aufrecht strauchförmig. **Licht:** sonnig. **Pflege:** hoher Düngebedarf; regelmäßig gießen; vor der Überwinterung Krone auf die Hälfte bis zwei Drittel zurückschneiden. **Überwinterung:** nicht winterhart; hell, bei mindestens 5 bis 7 °C. **Besonderheiten:** pflegeleicht; Duftpflanze; besonders großblütig; auch unter *Datura* bekannt; alle Pflanzenteile sind giftig!

Fuchsie

Fuchsia-Hybriden

Blüte: rosa, rot, violett, weiß, einfach bis gefüllt, von Mai bis September. **Blatt:** mittel- bis dunkelgrün, lanzettlich bis breit eiförmig, 0,25 bis 25 cm lang. **Wuchs:** 0,30 m hoch, 0,30 bis 0,60 m breit, aufrecht strauch- oder baumförmig bis überhängend. **Licht:** halbschattig. **Pflege:** viel düngen; regelmäßig gießen; vor dem Einwintern zurückschneiden (nicht zu tief ins alte Holz!). **Überwinterung:** hell, bei mindestens 3 °C. **Besonderheiten:** pflegeleicht; wunderschöne Blüten; als Hochstämmchen bis 1 m hoch.

Vanilleblume *Heliotropium arborescens* blüht violett bis tief dunkelblau von Mai bis September. **Licht:** sonnig bis halbschattig. **Pflege:** mittlerer bis hoher Düngebedarf; regelmäßig gießen, Staunässe und Ballentrockenheit vermeiden; pflegeleicht, vor Wind und Regen schützen. **Überwinterung:** hell, bei etwa 10 °C.

Extra-Tipp

Von Schönmalven und Strauchmargeriten gibt es Hochstämmchen, die mit hängenden Sommerblumen wie Männertreu wunderbar zu unterpflanzen sind. Achtung: Töpfe müssen dann öfters gegossen werden, da der Wasserbedarf steigt. Geben Sie den Stämmchen einen Stützstab, damit sie nicht umknicken.

Klassiker

Chinesischer Roseneibisch

Hibiscus-rosa-sinensis-Hybriden

Blüte: gelb, karminrot, orange, weiß, ganzjährig (bei ausreichend Licht und Temperaturen von mindestens 15 °C); trichterförmig. **Blatt:** dunkelgrün, bis 15 cm. **Wuchs:** 1 m hoch, 1,50 bis 3 m breit, rundlich strauchförmig bis ausladend. **Licht:** sonnig. **Pflege:** mittlerer bis hoher Düngebedarf; gleichmäßig gießen; leichter Rückschnitt möglich, quer wachsende oder unerwünschte Triebe im zeitigen Frühjahr in Form schneiden. **Überwinterung:** nicht frosthart, bei mindestens 10 bis 13 °C an einem hellen Standort. **Besonderheiten:** schnell und leicht zu pflegen, schöne Blüten, auch als Zimmerpflanze.

Wandelröschen

Lantana camara

Blüte: Farbvariationen in Gelb, Lachsrot, Purpur, Rot oder Weiß von Mai bis Oktober. **Blatt:** dunkelgrün, eiförmig, runzlig, leicht gesägt, 5 bis 10 cm lang. **Wuchs:** 0,30 bis 1 m hoch, aufrecht buschig, auch als Hochstämmchen. **Licht:** sonnig. **Pflege:** hoher Düngebedarf; regelmäßig gießen; im Frühjahr umtopfen und zurückschneiden; im Sommer mehrfach entspitzen, Weiße Fliege tritt auf (Gegenmaßnahme: Gelbtafeln). **Überwinterung:** nicht winterhart, bei 5 bis 10 °C an einem hellen Standort. **Besonderheiten:** pflegeleicht; Blüten verwandeln im Abblühen ihre Farbe; alle Pflanzenteile sind giftig!

Weitere Klassiker

Enzianstrauch *Lycianthes rantonnetii*, früher *Solanum rantonnetii* blüht violettblau bis violett von Juni bis September; wird 1 bis 2 m hoch und breit; aufrechter bis ausladender Wuchs. **Licht:** sonnig, mit Hitzeschattierung. **Pflege:** mittlerer bis hoher Düngebedarf; regelmäßig bis häufig gießen; quer wachsende und unerwünschte Triebe im zeitigen Frühjahr in Form schneiden, pflegeleicht. **Überwinterung:** bei mindestens 5 °C an einem hellen Standort.

Oleander

Nerium oleander

Blüte: weiß bis scharlachrot, apricot, rosa, blassgelb von Juli bis September, einfach, halbgefüllt und gefüllt blühende Sorten. **Blatt:** dunkel- bis graugrün, ledrig, bis 15 cm lang. **Wuchs:** 2 bis 4 m hoch, 1 bis 3 m breit, locker aufrecht bis ausladend. **Licht:** sonnig. **Pflege:** mittlerer bis hoher Düngebedarf; gleichmäßig gießen; lange Triebe im zeitigen Frühjahr in Form schneiden; alte Blütenstände nicht wegnehmen, da hier schon neue Knospen austreiben. **Überwinterung:** nicht winterhart, hell und luftig bei 5 bis 10 °C. **Besonderheiten:** pflegeleicht; Wasser im Untersetzer stehen lassen; alle Pflanzenteile sind giftig!

Bleiwurz

Plumbago auriculata

Blüte: himmelblau bis violettblau, auch weiß von Juni bis September. **Blatt:** hell- bis mattgrün, länglich spatelförmig. **Wuchs:** 2 m hoch, 1 bis 2 m breit, überhängend strauchförmig bis klimmend, stark verzweigt. **Licht:** sonnig. **Pflege:** hoher Düngebedarf; regelmäßig gießen; nicht austrocknen lassen; kräftiger Rückschnitt der Triebe am besten im Januar. **Überwinterung:** frostempfindlich, nicht winterhart, bei 3 bis 8° C an einem hellen Standort. **Besonderheiten:** pflegeleicht, wind- und regengeschützt aufstellen, am besten Triebe an ein Rankgerüst anlehnen, Verblühtes entfernen, Blüten haben klebrige Drüsen.

Stehende Pelargonie *Pelargonium zonale* blüht in Purpur, Rosa, Rot, Violett und Weiß von Mai bis Oktober. **Licht:** sonnig. **Pflege:** hoher Düngebedarf; gleichmäßig gießen. **Überwinterung:** hell, bei mindestens 3 °C.

EXTRA-TIPP

Kübelpflanzen kann man nicht genug haben; sei es für einen selbst oder als Mitbringsel. Roseneibisch, Wandelröschen, Oleander, Bleiwurz, Pelargonien und der Enzianstrauch lassen sich problemlos durch Stecklinge vermehren.

Zitruspflanzen

Zitrone
Citrus limon

Blüte: weiß, ganzjährig. **Blatt:** mittelgrün, eiförmig bis eilänglich. **Wuchs:** 2 m hoch, breit strauchförmig bis ausladend. **Licht:** sonnig bis halbschattig. **Pflege:** mittlerer bis hoher Düngebedarf; regelmäßig gießen; kein kalkhaltiges Wasser; möglicher Schnitt im Spätwinter; Blatt- und Schildläuse sowie Spinnmilben können auftreten; Grauschimmel im Winterquartier, wenn die Luftfeuchtigkeit zu hoch ist; hellgelbe Blätter sind ein Zeichen von Eisenmangel. **Überwinterung:** nicht winterhart, bei mindestens 5 bis 7 °C an einem hellen Standort, trocken halten. **Besonderheiten:** gute Wüchsigkeit; Blüte duftet intensiv.

Mandarine
Citrus reticulata

Blüte: weiß von Mai bis Juni. **Blatt:** eiförmig bis lanzettlich, dunkelgrün. **Wuchs:** 2 m hoch, 1,50 bis 3 m breit. **Licht:** sonnig bis halbschattig. **Pflege:** mittlerer bis hoher Düngebedarf; regelmäßig gießen; unerwünschte Äste im Spätwinter herausschneiden; Blattläuse, Schildläuse und Spinnmilben können auftreten; hellgelbe Blätter sind ein Zeichen für Eisenmangel. **Überwinterung:** bei 5 bis 10 °C an einem hellen Standort. **Besonderheiten:** auch schön im Wintergarten, leicht schälbare Früchte; empfehlenswerte Sorten: 'Clementine', 'Ellendale' oder 'Hernandina'.

Weitere *Citrus*- Arten im Kurzporträt

Saure Limette *Citrus aurantiifolia* blüht weiß von Mai bis Juli. **Licht:** sonnig bis halbschattig. **Pflege:** mittlerer bis hoher Düngebedarf; regelmäßig gießen; schiefe, quer wachsende oder unerwünschte Äste im Spätwinter herausschneiden. **Überwinterung:** hell, bei 5 bis 10 °C.

Pomeranze *Citrus aurantium* blüht weiß von Mai bis Juli. **Licht:** sonnig bis halbschattig. **Pflege:** mittlerer bis hoher Düngebedarf; regelmäßig gießen; unerwünschte Äste im Spätwinter an frostfreien Tagen herausschneiden, pflegeleicht. **Überwinterung:** hell, bei 5 bis 10 °C.

Calamondin

X Citrofortunella microcarpa

Blüte: weiß, bei guten Bedingungen fast ganzjährig. **Blatt:** grün. **Wuchs:** 1 bis 2 m hoch, bis 2 m breit, rundbuschig. **Licht:** sonnig. **Pflege:** mittlerer bis hoher Düngebedarf; gleichmäßig gießen; ältere Pflanzen nur bei Bedarf leicht zurückschneiden; zum Gießen nur Regenwasser benutzen; manchmal treten Blatt- oder Schildläuse sowie Spinnmilben auf. **Überwinterung:** frostempfindlich, nicht winterhart, bei 5 bis 10 °C an einem hellen Standort überwintern. **Besonderheiten:** orangefarbene Früchte, die lange am Strauch haften; Früchte sind sauer, eignen sich nicht zum Rohverzehr; Blüten duften intensiv.

Kumquat

Fortunella margarita, F. japonica, F. hindsii

Blüte: weiß von Mai bis Juli. **Blatt:** hell- bis mittelgrün. **Wuchs:** 1,50 bis 4 m hoch, bis 2,50 m breit, strauchförmiger aufrechter Wuchs. **Licht:** sonnig. **Pflege:** mittlerer bis hoher Düngebedarf; gleichmäßig gießen; leichter Rück- bzw. Formschnitt im Frühjahr; Blatt- und Schildläuse sowie Spinnmilben können auftreten. **Überwinterung:** relativ frosthart, bei starkem Frost in ein helles, frostfreies Winterquartier einräumen. **Besonderheiten:** dattelgroße, orangefarbene Früchte, essbare Schale, Schale schmeckt süß und Fruchtfleisch säuerlich, es gibt buntblättrige Sorten.

Weitere *Citrus*-Gewächse sind Orange, *Citrus sinensis*; Grapefruit, *Citrus* x *paradisi*; Myrtenblättrige Sauerzitrone, *Citrus myrtifolia*; Pampelmuse, *Citrus maxima* und Zitronat-Zitrone, *Citrus medica*.
Alle werden im Großen und Ganzen so gepflegt wie die anderen *Citrus*-Gewächse, die auf dieser Seite beschrieben werden. Von jeder Art gibt es verschiedene Sorten, die man im Spezialhandel für Kübelpflanzen bekommt. Achten Sie generell auf Zitruserde und verwenden Sie speziellen Dünger.

Mediterrane Kübelpflanzen

Amerikanische Agave
Agava americana

Blüte: einmal, erst nach 30 bis 40 Jahren. **Blatt:** fleischig, sukkulent und am Rand spitzstachelig bewehrt. **Wuchs:** 1 m hoch, bis 1,50 m breit. **Licht:** sonnig. **Pflege:** geringer Düngebedarf; wenig bis gleichmäßig gießen. **Überwinterung:** frostempfindlich, nicht winterhart, hell, bei 2 bis 5 °C überwintern. **Besonderheiten:** pflegeleicht; Blattschmuckpflanze, Blattränder sind stachelig, besonders an der Blattspitze, bildet Kindel aus, die abgenommen und separat gepflanzt werden können; es gibt Sorten mit cremeweißen, gelb geranderten oder gestreiften Blättern.

Erdbeerbaum
Arbutus unedo

Blüte: weiß bis rosa im Herbst. **Blatt:** immergrünes, derbes Laub von mittelgrüner Farbe mit fein gezähntem Blattrand, bis zu 10 cm lang. **Wuchs:** 2 m hoch, mehrtriebiger Strauch. **Licht:** sonnig bis schattig. **Pflege:** mittlerer Düngebedarf; in größeren Abständen gießen; Staunässe vermeiden; schnittverträglich, Verjüngungsschnitte im zeitigen Frühjahr, nicht bis in das alte Holz zurückschneiden. **Überwinterung:** bedingt frosthart, hell, 5 bis 15 °C. **Besonderheiten:** pflegeleicht; Einzelpflanzung, fast alles ist auffällig an dieser Pflanze: Blätter, Früchte, Rinde und Wuchs.

Weitere mediterrane Kübelpflanzen

Mittelmeer-Zypresse *Cupressus sempervirens* bildet eine kegelförmige Säule. **Licht:** sonnig. **Pflege:** mittlerer bis hoher Düngebedarf; gleichmäßig gießen, pflegeleicht; das Einkürzen der Triebspitze reguliert die Wuchshöhe. **Überwinterung:** in milden Gegenden mit Winterschutz im Freien möglich, ansonsten helles Winterquartier bei 5 bis 10 °C.

Bougainvillee

Bougainvillea glabra, B.-Hybriden

Blüte: weiß, magentarot, purpurviolett, orange von Juli bis September. **Blatt:** mittel- bis dunkelgrün. **Wuchs:** 1,50 bis 3 m hoch, 1,50 bis 2 m breit, klimmend. **Licht:** sonnig. **Pflege:** hoher Düngebedarf; regelmäßig gießen, viel Wasser während der Blüte, aber Staunässe vermeiden; Triebspitzen nach der Blüte zurückschneiden, damit sich neue Blüten bilden; bevor die Pflanzen ins Winterquartier kommen, lange Triebe zurücknehmen. **Überwinterung:** bei 3 bis 10 °C an einem hellem Platz, hier trocken halten. **Besonderheiten:** tolle Leuchtkraft der Blüten; auch als Hochstämmchen.

Echter Lorbeer

Laurus nobilis

Blüte: gelbgrün von Mai bis Juni. **Blatt:** glänzend grün, am Rand gewellt, bis 10 cm lang, aromatisch, immergrün. **Wuchs:** 1 bis 3 m hoch, je nach Schnitt. **Licht:** sonnig. **Pflege:** mittlere bis hohe Düngergaben nur bis August; gleichmäßig gießen; gut schnittverträglich, auch für Formschnitt. **Überwinterung:** bedingt winterhart, kurzer Frost bis –10 °C wird toleriert; Winterquartier bei mindestens 3 °C an einem hellen Standort. **Besonderheiten:** pflegeleicht; Blätter werden zum Würzen verwendet; als Formgehölz verwenden, da Triebe ungeschnitten staksig nach oben wachsen.

Echter Feigenbaum *Ficus carica* wird 2 bis 3 m hoch und 2 bis 4 m breit; er blüht unscheinbar, ganzjährig in Abständen; die Blätter sind sehr dekorativ. **Licht:** sonnig. **Pflege:** hoher Düngebedarf bis ungefähr August; regelmäßig gießen; junge Pflanzen müssen mehrfach zurückgeschnitten werden. **Überwinterung:** mäßig frosthart nach Laubabwurf, dunkel bei 5 °C.

Mediterrane Kübelpflanzen

Gewöhnliche Myrte

Myrtus communis

Blüte: weiß von Juni bis September. **Blatt:** glänzend dunkelgrün, bis 5 cm groß. **Wuchs:** 1 m hoch, buschig. **Licht:** sonnig. **Pflege:** mittlerer Düngebedarf; gleichmäßig gießen; Austrocknen und Staunässe vermeiden; unerwünschte Äste im zeitigen Frühjahr zurechtschneiden und abgeblühte Triebspitzen nach der Blüte wegnehmen; im März umtopfen. **Überwinterung:** frostempfindlich, nicht winterhart, bei 5 bis 10 °C an einem hellen Standort. **Besonderheiten:** pflegeleicht; Vermehrung durch Kopfstecklinge im Frühjahr; auffallende Blüten, traditioneller Brautschmuck – daher nennt man sie auch Brautmyrte.

Olive

Olea europaea

Blüte: gelblich weiß im Mai. **Blatt:** graugrün, unterseits silbrig grün, elliptisch bis lanzettlich, ledrig, unregelmäßig gesägt, 5 bis 8 cm lang. **Wuchs:** 2 m hoch, rundlich aufrecht. **Licht:** sonnig. **Pflege:** mittlerer Düngebedarf; gleichmäßig bis häufig gießen; Staunässe vermeiden; leichter Schnitt im Sommer möglich. **Überwinterung:** frostempfindlich, nicht winterhart, bei 5 bis 10 °C an einem hellen Standort. **Besonderheiten:** pflegeleicht; selbstfruchtbare Sorten: 'Itrana', 'Pendolino' oder 'Frantoio'; Rückschnitt ist wichtig, damit sich die Triebe verzweigen.

Noch mehr mediterrane Kübelpflanzen

Kreppmyrte *Lagerstroemia indica* blüht purpur, rosa, rot, weiß von August bis September und hat dunkelgrüne Blätter. **Licht:** sonnig. **Pflege:** mittlerer bis hoher Düngebedarf; gleichmäßig bis häufig gießen; unerwünschte Äste im Spätwinter oder zeitigen Frühjahr wegnehmen. **Überwinterung:** bei mindestens 5 °C an halbschattigen Plätzen.

Klebsame

Pittosporum tobira

Blüte: duftend, cremeweiß von Mai bis Juni. **Blatt:** glänzend dunkelgrün, unterseits heller, 3 bis 10 cm lang, verkehrt-eiförmig, ledrig, immergrün. **Wuchs:** über 3 m hoch, buschig. **Licht:** sonnig bis halbschattig. **Pflege:** hoher Düngebedarf; gleichmäßig gießen; unerwünschte Äste im Spätwinter herausschneiden; auf Blattläuse, Woll- und Schildläuse achten. **Überwinterung:** frostempfindlich, nicht winterhart, hell, bei 5 bis 10 °C überwintern. **Besonderheiten:** pflegeleicht; lassen sich durch Schnitt gut formen; attraktive Kapselfrüchte mit knallrotem Fruchtfleisch.

Granatapfel

Punica granatum

Blüte: leuchtend rot, orange oder weiß von Juli bis September. **Blatt:** glänzend grün, kupferrote Blattaderung, schmal-länglich, bis 8 cm lang. **Wuchs:** 3 m hoch, aufrecht strauchförmig, dicht verzweigt. **Licht:** sonnig. **Pflege:** mittlerer Düngebedarf; gleichmäßig gießen; schiefe oder unerwünschte Äste im Spätwinter herausschneiden. **Überwinterung:** frostempfindlich, nicht winterhart, bei mindestens 5 bis 10 °C an einem halbhellen oder dunklen Platz überwintern, Laubabwurf im Winter. **Besonderheiten:** pflegeleicht; schön als Hochstämmchen; die Sorte 'Nana' wird nur ca. 1 m hoch und ist besonders reich blühend.

Echter Lavendel *Lavandula angustifolia* blüht violett von Juli bis August; er wird 30 bis 60 cm hoch; Halbstrauch; immergrün; duftende Blätter und Blüten. **Licht:** vollsonnig; warm; windgeschützt. **Pflege:** mittlerer Düngebedarf; wenig gießen; nach der Blüte oder im Frühjahr um zwei Drittel zurückschneiden, pflegeleicht. **Überwinterung:** im Freien mit Winterschutz möglich.

Exotische Kübelpflanzen

Aukube
Aucuba japonica

Blüte: klein und purpurrot von März bis Mai. **Blatt:** glänzend dunkelgrün, elliptisch, bis zu 20 cm groß. **Wuchs:** 2 m hoch, 2 m breit, straff aufrecht bis ausladend. **Licht:** halbschattig, hell. **Pflege:** mittlerer Düngebedarf; gleichmäßig gießen; regelmäßig schneiden, um die Pflanze in Form zu halten. **Überwinterung:** bedingt frosthart, kann an geschützten Standorten draußen überwintern; oder Überwinterung bei 5 °C in hellen Räumen. **Besonderheiten:** schnell und leicht zu pflegen; nur weibliche Sträucher tragen kleine, giftige, rote Beeren; Sortenbeispiele mit panaschierten Blättern: 'Variegata' oder 'Picturata'.

Zylinderputzer
Callistemon citrinus

Blüte: leuchtend rot von Mai bis Juli; flaschenbürstenartig. **Blatt:** dunkelgrün und glatt, Zitrusduft. **Wuchs:** bis 2 m hoch, aufrecht strauchförmig. **Licht:** sonnig. **Pflege:** mittlerer bis hoher Düngebedarf; hoher Wasserbedarf, kein kalkhaltiges Wasser verwenden; Ballentrockenheit und Staunässe vermeiden; Schnitt im Frühjahr oder nach der Blüte, aber auf Wegschneiden abgeblühter Spitzen beschränken. **Überwinterung:** Überwinterung bei mindestens 5 °C. **Besonderheiten:** pflegeleicht; für Einzelstellung geeignet, zauberhafter Blütenschmuck – daher gibt es auch den deutschen Pflanzennamen „Schönfaden".

Weitere Exoten für Topf- und Kübel

Brasilianische Guave *Acca sellowiana* blüht weiß, leicht purpur von Mai bis Juli. **Licht:** sonnig. **Pflege:** mittlerer Düngebedarf; regelmäßig bis häufig gießen; bei Bedarf auslichten, jährlicher Rückschnitt wird gut vertragen. **Überwinterung:** hell, bei 5 bis 10 °C.

Alokasie *Alocasia macrorrhiza*; schöne Blattpflanze, bildet einen dichten Horst. **Licht:** halbschattig. **Pflege:** mittlerer Düngebedarf; regelmäßig (in der Wachstumszeit häufig, in den Wintermonaten mäßig) gießen. **Überwinterung:** hell bei 15 °C.

Kamelie

Camellia japonica

Blüte: rot bis rosarot, weiß von März bis April; einfach oder gefüllt. **Blatt:** glänzend dunkelgrün. **Wuchs:** ca. 2 m hoch, breit strauchförmig. **Licht:** halbschattig. **Pflege:** mittlerer Düngebedarf; enthärtetes Gießwasser verwenden; Schnitt im Frühjahr oder nach der Blüte, auf Wegschneiden abgeblühter Triebspitzen beschränken, bei Bedarf nach der Blüte umtopfen. **Überwinterung:** mäßig frosthart, die Winterhärte ist sortenabhängig, (es gibt spezielle Sorten fürs Freiland), bei 10 °C an einem hellen Standort überwintern. **Besonderheiten:** Blüten- und Ziergehölz mit traumhaften Blüten, Liebhaberpflanze mit vielen Fans.

Indisches Blumenrohr

Canna indica-Hybriden

Blüte: leuchtend rot bis zartorange, gelb bis dunkelrot; je nach Sorte Juni bis Oktober. **Blatt:** dunkelgrün und rotlaubige Sorten; große Blätter. **Wuchs:** je nach Sorte bis 2 m hoch, aufrecht, horstbildend. **Licht:** sonnig. **Pflege:** mittlerer bis hoher Düngebedarf; regelmäßig gießen; verblühte Blüten entfernen, um die Blühdauer zu verlängern; vor dem ersten Frost Pflanzen 15 cm über dem Boden abschneiden. **Überwinterung:** Wurzelstöcke ausgraben und frostfrei, bei 10 °C, mit anhaftender Erde überwintern, Anfang März in neue Erde pflanzen und ab Mitte Mai ins Freie stellen. **Besonderheiten:** pflegeleicht; besonders großblütig.

Zitronenverbene, Zitronenstrauch *Aloysia triphylla* blüht blass fliederfarben bis weiß von August bis September. **Licht:** sonnig. **Pflege:** mittlerer Düngebedarf; gleichmäßig gießen; alle Triebe im zeitigen Frühjahr auf die Hälfte zurückschneiden, pflegeleicht.

Scheinmalve *Anisodontea capensis* blüht rosarot von April bis Oktober. **Licht:** sonnig. **Pflege:** hoher Düngebedarf; gleichmäßig gießen; unerwünschte Triebe im zeitigen Frühjahr schneiden, pflegeleicht. **Überwinterung:** hell, bei 10 °C (wichtig: nicht unter 5 °C).

Exotische Kübelpflanzen

Gewürzrinde

Cassia corymbosa, Senna corymbosa

Blüte: goldgelb von Mai bis September; besonders großblütig. **Blatt:** dunkelgrün, gefiedert, glatt. **Wuchs:** bis 3 m hoch, breit strauchförmig. **Licht:** sonnig. **Pflege:** mittlerer bis hoher Düngebedarf; gleichmäßig gießen; Rückschnitt im Frühjahr hält die Pflanze in Form; Blattläuse und Weiße Fliegen können auftreten. **Überwinterung:** kälteempfindlich, nicht winterhart, bei 5 bis 10 °C an einem hellen Standort überwintern. **Besonderheiten:** pflegeleicht; Ziergehölz mit auffallenden Blüten, für lange Blütezeit Samenansätze entfernen; Blätter sind in Schlafstellung gefaltet; schön als Hochstämmchen.

Hammerstrauch

Cestrum aurantiacum, C. elegans, C. nocturnum

Blüte: je nach Art orangefarben bis purpurrot von Mai bis Oktober. **Blatt:** eilänglich bis lanzettlich, hellgrün. **Wuchs:** bis über 2 m hoch. **Licht:** sonnig bis halbschattig. **Pflege:** mittlerer bis hoher Düngebedarf; im Sommer viel gießen, regelmäßig schneiden; fürs Winterquartier wird die Krone auf die Hälfte oder zwei Drittel zurückgenommen. **Überwinterung:** kälteempfindlich, hell bei 5 bis 7 °C überwintern. **Besonderheiten:** Blüten- und Ziergehölz, das auch schön im Wintergarten ist; *Cestrum elegans* mit karmin- bis purpurroten Blüten und langer Blütezeit von Juli bis September ist empfehlenswert.

Exotik pur

Seidenpflanze *Asclepias curassavica* blüht orange bis rot von Juni bis August. **Licht:** sonnig. **Pflege:** mittlerer Düngebedarf; regelmäßig bis viel gießen; neue Pflanzen aus Triebspitzen ziehen. **Überwinterung:** hell, bei 8 bis 10 °C.

Blauflügelchen, Losbaum *Clerodendrum ugandense* blüht violett von Juni bis September. **Licht:** sonnig. **Pflege:** mittlerer Düngebedarf; häufig gießen; vor Überwinterung Krone maximal zwei Drittel zurücknehmen. **Überwinterung:** hell, bei 10 bis 14 °C.

Orangenblume

Choisya ternata

Blüte: weiß, intensiver Zitrusduft, zwischen Februar und Juni, vier Wochen lang. **Blatt:** glänzend dunkelgrün, ledrig, immergrün. **Wuchs:** bis 1,5 m hoch, kompakt strauchförmig. **Licht:** halbsonnig (Schutz vor direkter Mittagssonne). **Pflege:** mittlerer bis hoher Düngebedarf; gleichmäßig gießen, Staunässe vermeiden; kein kalkreiches Wasser verwenden; nach Blüte gegebenenfalls zurückschneiden. **Überwinterung:** frostempfindlich, nicht winterhart, bei mindestens 5 °C an einem hellem Standort. **Besonderheiten:** pflegeleicht; Blütenduft ist extrem intensiv und kann zu Kopfschmerzen führen.

Korallenstrauch

Erythrina crista-galli

Blüte: leuchtend rot ab August, auffällige Blütenschiffchen. **Blatt:** mittel- bis bläulich grün, dreieckig bis eilänglich, ledrig. **Wuchs:** bis 1,80 m hoch, locker strauchförmig. **Licht:** sonnig. **Pflege:** mittlerer bis hoher Düngebedarf; gleichmäßig gießen; unerwünschte Äste im Februar/März nach dem Eintrocknen der Blütentriebe herausschneiden. **Überwinterung:** nicht frosthart, Ruheperiode nach Laubabwurf, dabei trocken halten bei 5 °C, helle und dunkle Überwinterung möglich. **Besonderheiten:** pflegeleicht; regengeschützt aufstellen; interessante Blüten und Hülsenfrüchte.

Keulenlilie *Cordyline australis* blüht cremeweiß von Juli bis August. **Licht:** sonnig. **Pflege:** mittlerer bis hoher Düngebedarf; gleichmäßig gießen. **Überwinterung:** bei mindestens 3 °C an einem hellen Standort.

Wollmispel *Eriobotrya japonica* blüht weiß von Oktober bis Dezember. **Licht:** sonnig. **Pflege:** hoher Düngebedarf; regelmäßig gießen. **Überwinterung:** in milden Regionen mit Winterschutz auch im Freiland, in anderen Gegenden hell, bei 10 °C überwintern.

Exotische Kübelpflanzen

Südseemyrte

Leptospermum scoparium

Blüte: weiß, rosa, rot von Mai bis Juli, teilweise gefüllt. **Blatt:** mittel- bis dunkelgrün, nadelförmig; immergrün. **Wuchs:** zirka 1 m hoch als Kübelpflanze. **Licht:** sonnig. **Pflege:** mittlerer Düngebedarf; regelmäßig bis häufig gießen, wenn möglich mit Regenwasser; bei Bedarf nach der Blütezeit zurücknehmen, aber nicht bis ins alte Holz schneiden. **Überwinterung:** frostempfindlich, nicht winterhart, hell, bei 5 bis 10 °C, luftig, trocken. **Besonderheiten:** wunderschöner Kleinstrauch oder mittelhoher Baum mit kleinen zarten Blütchen; Achtung: bei Ballentrockenheit werden die Blüten oft abgeworfen.

Japanische Faser-Banane

Musa basjoo

Blüte: rötlich gelb von Juli bis August; hängende Rispe mit rötlich gelben Tragblättern. **Blatt:** glänzend grün. **Wuchs:** 3 bis 5 m hoch, aufrecht, horstbildend. **Licht:** sonnig. **Pflege:** mittlerer bis hoher Düngebedarf; regelmäßig und viel gießen, windgeschützter und luftfeuchter Standort ist ideal. **Überwinterung:** mäßig frosthart, kann in milden Regionen mit Winterschutz auch im Freiland gehalten werden; sonst hell, bei mindestens 5 °C. **Besonderheiten:** anspruchsvolle Liebhaberpflanze für Einzelstellung, gelblich grüne Früchte (wenn sie entwickelt werden), Blattschmuckpflanze.

Noch mehr Exoten

Veilchenstrauch *Iochroma solanaceae* **Blüte:** weiß, gelb, rot, blau, purpur von Mai bis September; trompeten- bis röhrenförmig. **Licht:** sonnig bis halbschattig. **Pflege:** mittlerer Düngebedarf; mäßig gießen; Rückschnitt im Frühjahr fördert buschigen Wuchs. **Überwinterung:** hell, bei 10 °C, nicht austrocknen lassen.

Eisenholzbaum *Metrosideros excelsa* **Blüte:** rot, ungewöhnlich, von Juli bis August. **Licht:** sonnig. **Pflege:** mittlerer bis hoher Düngebedarf; gleichmäßig gießen. **Überwinterung:** hell, bei 5 bis 10 °C, nicht austrocknen lassen.

Frangipani *Plumeria rubra f. acutifolia* trägt

Paradiesvogelblume

Strelitzia reginae

Blüte: purpur bis orange mit gelbem Kelch und blauer Krone von Februar bis Mai, erinnern an einen Vogelkopf. **Blatt:** grau- bis bläulich grün, lang gestielt, länglich-eiförmig, rötlicher Mittelnerv, bis 150 cm lang. **Wuchs:** 1 bis 2 m hoch, aufrecht buschig, horstbildend. **Licht:** sonnig bis halbschattig. **Pflege:** hoher Düngebedarf; regelmäßig wässern, lieber zu wenig als zu viel gießen, Staunässe vermeiden. **Überwinterung:** frostempfindlich, nicht winterhart, bei mindestens 10 bis 13 °C an einem hellen Standort überwintern. **Besonderheiten:** pflegeleicht; große, dekorative ungewöhnliche Blüten.

Prinzessinnenstrauch

Tibouchina urvilleana

Blüte: violett bis purpurviolett von Juli bis September; veilchenähnlich. **Blatt:** smaragdgrün, oval, samtig behaart, bis 8 cm lang, rot umrandet. **Wuchs:** 2 bis 3 m hoch, aufrecht strauchförmig. **Licht:** sonnig, keine Mittagssonne. **Pflege:** hoher Düngebedarf; gleichmäßig gießen; im Frühjahr und Frühsommer Triebe mehrmals zurückschneiden, damit sie sich verzweigen; abgeblühte Triebspitzen wegnehmen. **Überwinterung:** kälteempfindlich, hell bei 10 °C überwintern. **Besonderheiten:** Ziergehölz mit wunderschönen, großen Blüten, Liebhaberpflanze; Verblühtes aufsammeln, da es stark färbt.

duftende weißgelbe Blüten. **Licht:** sonnig. **Pflege:** in größeren Abständen gießen; regengeschützt. **Überwinterung:** hell, bei 15 °C, trocken.

Springbrunnenpflanze *Russelia equisetiformis* blüht rot; überhängend. **Licht:** sonnig. **Pflege:** mittlerer Düngebedarf; regelmäßig gießen. **Überwinterung:** hell, bei 5 bis 10 °C.

Weißer Schwan *Solanum jasminoides* blüht weiß von Juni bis September. **Blatt:** dunkelgrün. **Licht:** sonnig, Hitzeschattierung. **Pflege:** mittlerer bis hoher Düngebedarf; regelmäßig gießen. **Überwinterung:** hell, bei mindestens 3 °C.

Palmen

Zwergpalme
Chamaerops humilis

Blatt: bläulich- bis graugrün, gefiedert. **Wuchs:** im Kübel ca. 2 m hoch, buschig, mehrtriebig. **Licht:** sonnig bis halbschattig. **Pflege:** mittlerer Düngebedarf; gleichmäßig gießen; auf die Erde gießen und nicht in den Blattschopf; abgestorbene Pflanzenteile regelmäßig entfernen, bei Bedarf im Frühjahr umtopfen. **Überwinterung:** frostempfindlich, nicht winterhart, bei mindestens 3 °C an einem hellen Standort. **Besonderheiten:** pflegeleicht; auffallende Blätter; im Frühjahr Pflanze langsam an die Sonne gewöhnen.

Kentiapalme
Howeia forsteriana

Blatt: wunderschöne, hell- bis mittelgrüne Blattwedel. **Wuchs:** 2 bis 3 m hoch. **Licht:** halbschattig, geschützt vor Wind. **Pflege:** niedriger Düngebedarf; häufig gießen, im Winter weniger; bevorzugt hohe Luftfeuchtigkeit und Halbschatten, alle 2 bis 3 Jahre umtopfen, je älter desto weniger oft; anfällig für Spinnmilben. **Überwinterung:** frostempfindlich, nicht winterhart, heller Standort bei 5 bis 10 °C. **Besonderheiten:** sehr gut für den Wintergarten geeignet; eine der schönsten Palmen überhaupt.

Weitere geeignete Palmen

Zwerg-Dattelpalme *Phoenix roebelenii* will sonnig bis halbschattig stehen; wird nur bis zu 2 m hoch. **Pflege:** niedriger Düngebedarf; im Sommer regelmäßig bis viel gießen, im Winter weniger; Pflanze wächst langsam, schön im Wintergarten, Zimmerpflanze. **Überwinterung:** hell im Zimmer bei mindestens 13 °C.

Petticoatpalme *Washingtonia filifera* hat auffallende Blätter und Früchte; will gerne in der Sonne stehen. **Pflege:** mittlerer bis hoher Düngebedarf; regelmäßig gießen, die Pflanze kann von Schildläuse und Thripsen befallen werden, verwelkte Blätter entfernen. **Überwinterung:** bei mindestens 5 °C an einem hellen Standort.

Echte Dattelpalme

Phoenix dactylifera

Blüte: cremeweiß von Mai bis Juli; erst nach ca. 25 Jahren. **Blatt:** matt- bis graugrün. **Wuchs:** im Kübel 2 bis 3 m hoch, aufrecht säulenförmig, palmenförmige Krone. **Licht:** sonnig. **Pflege:** mittlerer bis hoher Düngebedarf; regelmäßig gießen in größeren Abständen, verdorrte Wedel abschneiden; hohe Pflanzgefäße verwenden. **Überwinterung:** frostempfindlich, nicht winterhart, bei 5 bis 10 °C an einem hellen Standort überwintern. **Besonderheiten:** Blätter und Wuchs auffallend, schöner Schattenspender.

Hanfpalme

Trachycarpus fortunei

Blatt: dunkelgrün, fächerförmig, bis 80 cm lang. **Wuchs:** 2 bis 4 m hoch, behaarter Stamm mit gestielten Blattwedeln. **Licht:** sonnig bis halbschattig. **Pflege:** hoher Düngebedarf; regelmäßig bis häufig gießen, auf Schildläuse kontrollieren. **Überwinterung:** kann in milden Regionen mit Winterschutz auch im Freiland gehalten werden, sonst frostfrei und hell überwintern; wenig gießen, damit die Pflanze nicht fault. **Besonderheiten:** pflegeleicht; auffallende Blätter und interessanter Wuchs, Stammbildung beginnt früh.

Palmlilie *Yucca aloifolia* die Blätter sind dunkelgrün, es gibt auch buntblättrige Formen; Stämme anfangs bis unten beblättert. **Licht:** sonnig. **Pflege:** mittlerer bis hoher Düngebedarf; regelmäßig gießen; abgestorbene oder abgewelkte Pflanzenteile entfernen. **Überwinterung:** bei 5 bis 7 °C an einem hellen Standort.

EXTRA-TIPP

Zum exotischen Flair der Palmen passt der Millionen Jahre alte Palmfarn (*Cycas revoluta*). Er ist eine schöne aber auch teure Kübelpflanze, die halbschattig bis schattig stehen möchte. Gießen Sie diese Schönheiten nur mäßig. Staunässe wird nicht vertragen. Vorsicht: Alle Pflanzenteile sind giftig!

Bäume und Sträucher

Fächer-Ahorn

Acer palmatum (Bild: 'Dissectum Garnet')

Blüte: purpurrote Trauben im Mai. **Blatt:** frischgrün; gelappt; Herbstfärbung leuchtend orange bis rot. **Wuchs:** 5 bis 7 m hoch (im Kübel kleiner); rundliche bis schirmartig übergeneigte Krone. **Licht:** sonnig bis halbschattig. **Pflege:** niedriger Düngebedarf; gleichmäßig gießen. **Überwinterung:** Topf von außen bei starken Frösten schützen, in rauen Lagen auch von oben; in der Jugend frostgefährdeter als im Alter. **Besonderheiten:** pflegeleicht; kompakt wachsend; japanisches Flair, auffallende Blätter, bizarrer Wuchs; 'Atropureum' hat attraktive dunkelrote Blätter; 'Dissectum' hat grüne, feingeschlitzte Blätter.

Buchsbaum

Buxus sempervirens

Blüte: unscheinbar gelb von April bis Mai. **Blatt:** dunkelgrün, eiförmig-länglich, ledrig, immergrün. **Wuchs:** je nach Schnitt und Sorte von 0,3 bis 3 m hoch, dicht buschig bis rundlich, langsam wachsend. **Licht:** sonnig bis schattig. **Pflege:** niedriger bis mittlerer Düngebedarf; gleichmäßig gießen; gut schnittverträglich. **Überwinterung:** frosthart, Topf jedoch von außen bei starken Frösten schützen, bei Trockenheit gießen. **Besonderheiten:** pflegeleicht, ideal für Formschnitt geeignet; viele Sorten in unterschiedlichen Blattfarben, Formen und Größen; alle Pflanzenteile sind giftig!

Weitere Bäume und Sträucher

Liebesperlenstrauch, Schönfrucht *Callicarpa bodinieri* 'Profusion' trägt im Herbst zahlreiche kleine, violette Beeren. **Blüte:** bronzefarben bis blassrosa von Juli bis August. **Licht:** sonnig. **Pflege:** mittlerer Düngebedarf; gleichmäßig gießen; alle Triebe im zeitigen Frühjahr auf bis zu 30 cm zurückschneiden, pflegeleicht, für Kübelpflanzen-Anfänger. **Überwinterung:** frosthart, Töpfe jedoch von außen und oben bei starken Frösten schützen.

Wechselblättriger Sommerflieder
Buddleja alternifolia

Blüte: fliederfarben bis lavendelfarbig von Juni bis Juli; am vorjährigen Holz; stark duftend. **Blatt:** dunkelgrün, unterseits silbrig grau, zugespitzt, lanzettlich, ganzrandig. **Wuchs:** 2 bis 3 m hoch, breit ausladend bis überhängend. **Licht:** sonnig. **Pflege:** mittlerer bis hoher Düngebedarf; gleichmäßig gießen; regelmäßiges Auslichten der alten Blütenäste im Turnus von 4 bis 5 Jahren. **Überwinterung:** frosthart, Topf jedoch bei starken Frösten von außen schützen. **Besonderheiten:** pflegeleicht; Duftpflanze, schönes Blüten- und Ziergehölz für die Einzelpflanzung, trockenheitsresistent; Bienen- und Schmetterlingsweide.

Gewöhnliche Eibe
Taxus baccata

Früchte: rot, giftig. **Blatt:** glänzend dunkel- bis schwarzgrün. **Wuchs:** zirka 2,50 m hoch im Kübel; breit kegel- bis kugelförmig; wächst langsam. **Licht:** sonnig bis schattig. **Pflege:** hoher Düngebedarf; gleichmäßig gießen; schnittverträglich, Formschnitt-Pflanze. **Überwinterung:** frosthart, Topf jedoch bei starken Frösten von außen schützen, bei Trockenheit gießen. **Besonderheiten:** pflegeleicht; ein bis zweimal schneiden im Jahr; schattenverträglich; auffallende Früchte; zweihäusig: für Beerenschmuck weibliche und männliche Pflanzen nötig; Pflanze ist giftig!

Hängender Erbsenstrauch *Caragana aborescens* 'Pendula'. **Blüte:** gelb von Mai bis Juni. **Licht:** sonnig bis halbschattig. **Pflege:** niedriger Düngebedarf; gleichmäßig gießen. **Überwinterung:** frosthart, Töpfe bei starken Frösten schützen.

Extra-Tipp

Figuren aus Buchsbaum oder Eibe sehen nur dekorativ aus, wenn sie schön in Form geschnitten worden sind. Es reicht jedoch, wenn Sie diese Gehölze einmal jährlich gegen Ende Juni schneiden.

Bäume und Sträucher

Echter Rosen-Eibisch

Hibiscus syriacus

Blüte: je nach Sorte hellblau, weiß, orange, rot, von Juni bis August. **Blatt:** mittelgrün, breit eiförmig. **Wuchs:** 1,50 bis 2 m hoch; straff aufrecht. **Licht:** sonnig, geschützt. **Pflege:** mittlerer bis hoher Düngebedarf; gleichmäßig gießen; schnittverträglich. **Überwinterung:** frosthart, Topf jedoch von außen bei starken Frösten schützen, besonders in der Jugend auch von oben Winterschutz nötig. **Besonderheiten:** pflegeleicht; wunderschönes Blüten- und Ziergehölz; schnittverträglich; verträgt Trockenheit nicht gut.

Garten-Hortensie

Hydrangea macrophylla-Sorten

Blüte: je nach Sorte blau, rot, rosa, weiß von August bis September; in ballförmigen Blüten. **Blatt:** glänzend dunkelgrün, breit eiförmig. **Wuchs:** bis 2 m hoch, buschig, kugelig oder trichterförmig. **Licht:** sonnig bis halbschattig. **Pflege:** mittlerer Düngebedarf; gleichmäßig gießen; vorjährige Blütenstände im zeitigen Frühjahr wegnehmen. **Überwinterung:** frosthart, Topf von außen bei starken Frösten schützen. **Besonderheiten:** pflegeleicht; wunderschönes Blüten- und Ziergehölz; spezieller Hortensiendünger sorgt dafür, dass blaue Blüten nicht rosa werden.

Noch mehr Gehölze

Bartblume *Caryopteris* x *clandonensis* blüht in Blau ab August; strauchförmiger Wuchs, zirka 1 m hoch. **Licht:** sonnig. **Pflege:** gleichmäßig gießen; pflegeleicht. **Überwinterung:** Töpfe jedoch bei starken Frösten schützen.

Säckelblume *Ceanothus* x *delilianus* blüht blau von Juli bis Oktober. **Licht:** sonnig bis halbschattig. **Pflege:** mittlerer Düngebedarf; wenig bis regelmäßig gießen. **Überwinterung:** Winterschutz nötig.

Kerrie, Ranunkelstrauch

Kerria japonica

Blüte: leuchtend gelb bis goldgelb von April bis Mai; Sorte 'Pleniflora' trägt dicht gefüllte Blüten. **Blatt:** hellgrün, eiförmig, spitz, stark gesägt. **Wuchs:** 1,50 bis 2 m hoch und breit; buschig aufrecht, wenig verzweigt, mittelschnell wachsend; Ausläufer treibend. **Licht:** sonnig bis schattig. **Pflege:** mittlerer Düngebedarf; gleichmäßig gießen. **Überwinterung:** frosthart, Topf jedoch von außen bei starken Frösten schützen. **Besonderheiten:** pflegeleicht; wertvolles Blüten- und Ziergehölz für den Schatten.

Japanische Lavendelheide

Pieris japonica 'Red Mill'

Blüte: rahmweiß von April bis Mai; in 10 cm langen Blütenrispen. **Blatt:** glänzend dunkelgrün; Blätter beim Austreiben rot bis glänzend granatbraun; immergrün. **Wuchs:** bis 1,50 m hoch und breit; kompakt buschig bis überhängend. **Licht:** sonnig bis halbschattig. **Pflege:** mittlerer Düngebedarf; regelmäßig gießen. **Überwinterung:** frosthart, Topf jedoch von außen bei starken Frösten schützen. **Besonderheiten:** schöne, grazile Blüten; dekorativer Blattaustrieb; auch andere schöne Sorten: zum Beispiel 'Variegata' (Blätter mit hellem Rand), 'Debutante' (schwach wachsend).

Feuerdorn *Pyracantha*-Hybriden sind stark bedornt; blühen in Weiß von Mai bis Juni; im Herbst erscheinen erbsengroße rote, orange oder gelbe Früchte. **Licht:** sonnig bis halbschattig. **Pflege:** pflegeleicht; mittlerer bis hoher Düngebedarf; wenig gießen; jährlicher Formschnitt wird gut vertragen, auch für Anfänger geeignet. **Überwinterung:** frosthart, Töpfe jedoch von außen und oben bei starken Frösten schützen.

Bäume und Sträucher

Kirschlorbeer

Prunus laurocerasus

Blüte: weiß von Mai bis Juni; aufrechte Trauben. **Blatt:** glänzend dunkelgrün; immergrün, länglich, bis 15 cm lang. **Wuchs:** je nach Sorte 1 bis 3 m hoch und breit, rundlich strauchförmig, schnell wachsend. **Licht:** sonnig bis schattig. **Pflege:** mittlerer bis hoher Düngebedarf; gleichmäßig gießen; Schnitt wird gut vertragen. **Überwinterung:** etwas frostempfindlich, daher Töpfe und Kübel von oben und außen im Winter schützen; Achtung: im Winter bei frostfreier Witterung wässern; vor Wintersonne schützen. **Besonderheiten:** pflegeleicht; wird vor allem wegen des immergrünen Laubes und der Schnellwüchsigkeit gepflanzt; schönes Formgehölz; schnittverträglich, 'Otto Luyken' wird nur ca. 1,50 m hoch.

Fünffingerstrauch

Potentilla fruticosa

Blüte: gelb, rot, rosa, weiß von Juni bis Oktober; einfache Schalenblüten. **Blatt:** 5- oder 7-fingrige, schmal längliche Blätter. **Wuchs:** bis 1,50 m hoch und breit, breit buschig, mittelschnell wachsend. **Licht:** sonnig bis halbschattig. **Pflege:** hoher Düngebedarf; gleichmäßig gießen. **Überwinterung:** frosthart, Topf jedoch von außen bei starken Frösten schützen. **Besonderheiten:** pflegeleicht; unkomplizierter Zwergstrauch; bester Blütenansatz in sonnigen Lagen; schönes Blüten- und Ziergehölz; Sortenempfehlung: 'Abbotswood' (weiß ab Mai, kein Mehltaubefall), 'Goldfinger' (dunkelgelb, kein Mehltaubefall), 'Goldstar' (sehr große leuchtend gelbe Blüten).

Weitere Gehölze

Blauraute *Perovskia abrotanoides* blüht lichtblau bis violettblau von August bis Oktober; wird bis zu 1 m hoch. **Licht:** sonnig. **Pflege:** mittlerer Düngebedarf; wenig gießen; alle Triebe im zeitigen Frühjahr auf bis zu 30 cm zurückschneiden, pflegeleicht. **Überwinterung:** frostempfindlich, kann aber mit Winterschutz draußen überwintert werden.

Zwerg-Rhododendron

Rhododendron-Repens-Hybriden

Blüte: leuchtend rot von April bis Mai. **Blatt:** dunkelgrün; immergrün. **Wuchs:** 0,60 m hoch, bis 1,20 m breit, sortenabhängig kompakt wachsend, flachrund oder kissenförmig. **Licht:** sonnig bis halbschattig. **Pflege:** mittlerer Düngebedarf; mittel bis viel gießen; Schnitt im Frühjahr oder nach der Blüte auf vorsichtiges (!) Wegschneiden abgeblühter Triebspitzen beschränken (die neuen Knospen liegen direkt darunter). **Überwinterung:** im Freien, meist ohne Winterschutz möglich, bei großem Frost Topf von außen und oben schützen; darf im Winter nicht austrocknen, daher an frostfreien Tagen gießen. **Besonderheiten:** pflegeleicht; gute Sorten sind 'Baden-Baden', 'Scarlet Wonder' oder 'Frühlingszauber'.

Rhododendron

Rhododendron-Hybriden

Blüte: sortenabhängig, in fast allen Farben von Mai bis Juni. **Blatt:** glänzend dunkelgrün; immergrün, dickledrig, leicht gewölbt. **Wuchs:** 2 bis 3 m hoch und breit, je nach Sorte breit buschig bis kugelförmig. **Licht:** halbschattig. **Pflege:** mittlerer bis hoher Düngebedarf; regelmäßig gießen; Schnitt im Frühjahr oder nach der Blüte auf vorsichtiges Wegschneiden abgeblühter Triebspitzen beschränken (die neuen Knospen liegen direkt darunter). **Überwinterung:** frosthart, Topf von außen bei starken Frösten schützen; Achtung: darf im Winter nicht austrocknen, daher bei frostfreier Witterung wässern. **Besonderheiten:** pflegeleicht; schön klein bleibend sind Yakushimanum-Hybriden.

Japanische Stechpalme *Ilex crenata* blüht in Weiß von April bis Mai; ist für Formschnitt geeignet. **Licht:** sonnig bis schattig. **Pflege:** mittlerer Düngebedarf; regelmäßig gießen; schiefe oder quer wachsende Äste im Spätwinter herausschneiden, pflegeleicht. **Überwinterung:** frosthart, Töpfe jedoch von außen und oben bei starken Frösten schützen.

Rosen

Ambiente®
Edelrose

Blüte: cremeweiß von Juni bis September; öfter blühend; stark gefüllt. **Wuchs:** 0,70 bis 0,80 m hoch, buschig; starkwüchsig. **Licht:** sonnig luftig, keine Zugluft, nicht zu heiß. **Pflege:** lockere Erde, mittlerer bis hoher Düngebedarf; regelmäßig gießen. **Überwinterung:** frosthart, im Topf zur Vorsicht bei starken Frösten von außen und oben schützen. **Besonderheiten:** pflegeleicht, sehr gesunde Sorte; empfehlenswert, auch für kleine Plätze und Gärten (Züchter Noack).

Apricot Clementine®
Zwergrose

Blüte: rosé-apricotfarben von Juni bis September. **Blatt:** grün. **Wuchs:** 0,40 bis 0,50 m hoch, geschlossener und kräftiger Wuchs. **Licht:** sonnig, luftig, keine Zugluft, nicht zu heiß. **Pflege:** lockere Erde, mittlerer bis hoher Düngebedarf; regelmäßig gießen. **Überwinterung:** frosthart, Topf jedoch von außen und oben bei starken Frösten schützen. **Besonderheiten:** sehr geeignet für Balkonkästen und Töpfe, auch für Rosenbeete (Züchter Tantau).

Weitere Rosen

Graham Thomas® (Englische Rose) blüht gelb bis kupfergelb von Mai bis Juni, öfter blühend; dicht gefüllt. **Licht:** sonnig. **Pflege:** mittlerer bis hoher Düngebedarf; regelmäßig gießen. **Überwinterung:** im Topf im Freien, geschützt durch Reisig.

Honeymilk® (Zwergrose) blüht milchweiß, zur Mitte hin cremegelb von Juni bis September. **Licht:** sonnig. **Pflege:** mittlerer Düngebedarf; regelmäßig gießen. **Überwinterung:** im Topf im Freien, geschützt durch Reisig.

Kordana®-Topfrosen blühen von Juni bis September in vielen Farben. **Licht:** sonnig. **Pflege:** mittlerer Düngebedarf; regelmäßig gießen; hervorragend für Balkon und Terrasse. **Überwinterung:** siehe Loredo®.

Red Meidiland®

Kleinstrauchrose

Blüte: dunkelrot vom späteren Frühling bis zum Herbst. **Blatt:** glänzend, ledrig. **Wuchs:** 0,40 bis 0,50 m hoch, teppichartig. **Licht:** sonnig; luftig, keine Zugluft; nicht zu heiß. **Pflege:** lockere Erde, mittlerer bis hoher Düngebedarf; regelmäßig gießen. **Überwinterung:** frosthart, Topf jedoch von außen und oben bei starken Frösten schützen. **Besonderheiten:** auch als Verkehrsbegleitpflanze und für eine Heckenpflanzung geeignet (Züchter Meilland).

Sonnenkind®

Zwergrose

Blüte: leuchtend gelb bis buttergelb, bis September; öfter blühend. **Blatt:** dunkelgrün, leicht glänzend. **Wuchs:** 30 bis 40 cm hoch, aufrecht buschig. **Licht:** sonnig; luftig, keine Zugluft; nicht zu heiß. **Pflege:** lockere Erde, mittlerer bis hoher Düngebedarf; gleichmäßig gießen. **Überwinterung:** frosthart, im Topf im Freien jedoch von außen und oben bei starken Frösten schützen. **Besonderheiten:** kompakt wachsend, für Einfassungen, auch für Steingärten (Züchter Kordes).

Loredo® (Kleinstrauchrose) blüht leuchtend gelb von Juni bis September, duftend. **Licht:** sonnig. **Pflege:** mittlerer bis hoher Düngebedarf; regelmäßig gießen; gesunde Sorte. **Überwinterung:** im Topf im Freien, geschützt durch Reisig.

Red Eden Rose® (Strauchrose) blüht dunkelrot von Juni bis September; öfter blühend; dicht gefüllt. **Licht:** sonnig. **Pflege:** mittlerer bis hoher Düngebedarf; regelmäßig bis häufig gießen. **Überwinterung:** im Topf im Freien, geschützt durch Reisig.

Swany® (Kleinstrauchrose) blüht in Weiß von Juni bis September, dicht gefüllt, öfter blühend. **Licht:** sonnig. **Pflege:** mittlerer bis hoher Düngebedarf; regelmäßig gießen. **Überwinterung:** im Topf im Freien, geschützt durch Reisig.

Kletterpflanzen

Clematis, Waldrebe

Clematis-Hybriden

Blüte: blau, rosa, rot, violett, weiß; gestreift; einfach oder gefüllt von Juni bis September. **Blatt:** blass- bis mittelgrün. **Wuchs:** 2 bis 5 m hoch, aufrecht kletternd. **Licht:** sonnig bis halbschattig. **Pflege:** mittlerer Düngebedarf; gleichmäßig gießen; frühjahrsblühende Wildarten: kein Rückschnitt; zweimal blühende Hybriden: leichter Rückschnitt nach der ersten Blüte; sommerblühende Arten: kräftiger Rückschnitt im Frühjahr. **Überwinterung:** Winterschutz durch Reisig. **Besonderheiten:** Kletterhilfe; Wurzelballen beschatten.

Prunkwinde

Ipomoea alba (Bild: *Ipomoea tricolor*)

Blüte: weiß von Juni bis September. **Blatt:** mittel- bis tiefgrün, eiförmig bis rundlich oder 3-lappig, bis 20 cm lang. **Wuchs:** 2 bis 5 m hoch, aufrecht windend. **Licht:** sonnig. **Pflege:** hoher Düngebedarf; regelmäßig gießen, Staunässe vermeiden. **Überwinterung:** kälteempfindlich. **Besonderheiten:** Sichtschutz; mehrjährig; einjährige Prunkwinden sind zum Beispiel *Ipomoea tricolor* – mit wunderschön blauen Blüten, *Ipomoea purpurea* – mit mehrfarbigen Blüten.

Auch Sie wollen hoch hinaus

Amerikanische Trompetenblume *Campsis radicans* blüht orangegelb bis gelb, von Juli bis September. **Licht:** sonnig bis warm, geschützt. **Pflege:** gleichmäßig gießen; im Sommer düngen; im März Rückschnitt der Langtriebe des Vorjahres auf 10 cm. **Überwinterung:** frosthart, Töpfe vor starkem Frost schützen.

Duft-Wicke *Lathyrus odoratus* blüht purpurrosa bis dunkelpurpur, weinrot, ein- bis vielfarbig von Juli bis September. **Licht:** sonnig bis halbschattig. **Pflege:** mittlerer bis hoher Düngebedarf; gleichmäßig gießen; im Frühjahr lange Triebe kürzen, um einen buschigeren Wuchs zu erzielen, pflegeleicht; einjährig.

Passionsblume

Passiflora caerulea

Blüte: weiß bis purpurrosa von Juni bis September. **Blatt:** sattgrün, 3- bis 9-lappig, bis 10 cm lange Fiedern. **Wuchs:** 3 bis 5 m hoch, kletternd. **Licht:** sonnig. **Pflege:** mittlerer bis hoher Düngebedarf; gleichmäßig gießen; zu lange oder unerwünschte Ruten im zeitigen Frühjahr zurückschneiden. **Überwinterung:** frostempfindlich, nicht winterhart, bei 8 bis 10 °C an einem hellen Standort überwintern. **Besonderheiten:** Blüten und auffallende Früchte, besonders großblütig.

Schwarzäugige Susanne

Thunbergia alata

Blüte: orangegelb, auch weiß, mit dunkelbrauner Mitte von Juni bis Oktober. **Blatt:** mittel- bis dunkelgrün, gesägt, eiförmig-dreieckig, gesägt, bis 8 cm lang. **Wuchs:** 1,20 bis 2 m hoch, windend oder kletternd. **Licht:** sonnig bis halbschattig. **Pflege:** hoher Düngebedarf; regelmäßig gießen. **Überwinterung:** kälteempfindlich, wird bei uns einjährig gezogen. **Besonderheiten:** pflegeleicht; nicht oft umstellen; schneller Sichtschutz; Begrünung von Pergolen und Spalieren; lockt Bienen und Schmetterlinge an.

Geißblatt *Lonicera* x *heckrottii* blüht karminrot bis gelblich rosa im April/Mai und September/Oktober. **Licht:** halbschattig. **Pflege:** mittlerer bis hoher Düngebedarf; gleichmäßig gießen; alle 1 bis 2 Jahre auslichten; zu lange Triebe im zeitigen Frühjahr schneiden. **Überwinterung:** frosthart, Töpfe bei starken Frösten schützen.

Sternjasmin *Trachelospermum jasminoides* blüht in Weiß von Frühjahr bis Sommer. **Licht:** sonnig bis halbschattig. **Pflege:** mittlerer Düngebedarf; im Sommer häufig, sonst mäßig gießen; bei Bedarf stutzen und zurückschneiden, auf Blattläuse achten. **Überwinterung:** heller, kühler Standort bei 6 bis 11 °C.

Stauden und Gräser

Glockenblume

Campanula-Arten

Blüte: je nach Sorte weiß, himmelblau oder violettblau von Juli bis September. **Blatt:** mittelgrün. **Wuchs:** Klein bleibende Arten 0,20 m, höhere Arten über 0,80 m hoch. **Licht:** sonnig bis halbschattig. **Pflege:** mittlerer bis hoher Düngebedarf; gut feucht halten. **Überwinterung:** frosthart, Topf von außen bei starken Frösten schützen. **Arten:** Pfirsichblättrige Glockenblume (*Campanula persicifolia*) – 0,80 m hoch, Karpaten-Glockenblume (*Campanula carpatica*) – 0,25 m hoch, Dalmatiner-Polsterglockenblume (*Campanula portenschlagiana*) – 0,20 m hoch.

Rittersporn

Delphinium-Hybriden

Blüte: Farbvariationen in Blau, Violett und Weiß von Juni bis Oktober. **Blatt:** frisch- bis dunkelgrün. **Wuchs:** 0,80 bis 1,20 m hoch, aufrecht, horstbildend. **Licht:** sonnig. **Pflege:** hoher Düngebedarf; regelmäßig gießen; Rückschnitt nach der ersten Blüte, nach Abwelken im Herbst kräfig zurückschneiden. **Überwinterung:** frosthart, Topf von außen bei starken Frösten schützen. **Besonderheiten:** pflegeleicht; Mehltaubefall möglich; Blüten mit Stäben abstützen; wunderschöne Blüten; Zwerg-Rittersporn (*Delphinium grandiflorum* – Bild) – nur bis zu 50 cm hoch.

Weitere Stauden und Gräser

Prachtspiere, Garten-Astilbe *Astilbe x arendsii* blüht in Violettrosa von Juli bis September. **Licht:** sonnig bis halbschattig. **Pflege:** mittlerer bis hoher Düngebedarf; regelmäßig gießen, pflegeleicht. **Überwinterung:** frosthart, Töpfe bei starken Frösten schützen.

Zwerg-Bambus *Pleioblastus pumilus* **Licht:** halbschattig, absonnig. **Pflege:** mittlerer Düngebedarf; gleichmäßig gießen, pflegeleicht, für Kübelpflanzen-Anfänger. **Überwinterung:** frosthart, Töpfe jedoch von außen und oben bei starken Frösten schützen.

Schirmbambus

Fargesia murieliae

Blüte: ährige Rispen (selten blühend), Pflanze stirbt nach der Blüte ab. **Blatt:** weiß- oder gelbgrün gemustert, immergrün. **Wuchs:** 2,50 bis 4 m hoch, 1 bis 5 m breit, aufrecht, horstbildend. **Licht:** sonnig bis halbschattig. **Pflege:** hoher Düngebedarf; keine Staunässe, regelmäßig bis viel gießen; Triebe die blühen, rechtzeitig über dem Boden abschneiden. **Überwinterung:** frosthart, Topf jedoch von außen bei starken Frösten schützen; im Winter bei frostfreiem Wetter gießen, darf nicht austrocknen. **Besonderheiten:** pflegeleicht; schön ist auch der zierliche Pfeil-Bambus 'Simba'.

Blau-Schwingel

Festuca cinerea

Blüte: gelblich braun von Juni bis Juli. **Blatt:** blaugrau, wintergrün, ganzrandig, grasartig, spitz. **Wuchs:** 0,30 bis 0,40 m hoch, bis 0,30 m breit, kompakt kissenförmig, horstbildend. **Licht:** sonnig. **Pflege:** niedriger Düngebedarf; wenig gießen; Staunässe vermeiden. **Überwinterung:** frosthart, vor Nässe schützen; Topf jedoch von außen bei starken Frösten schützen. **Besonderheiten:** pflegeleicht; unempfindlich gegen Trockenheit; Feuchtigkeit und Schneedruck führen oft zu Schäden; gute Sorten sind 'Blaufuchs' oder 'Meerblau'; auch Lokalsorten werden angeboten.

Taglilie *Hemerocallis*-Hybriden blüht in Gelb, Orange, Rosa und Rot von Juni bis September. **Licht:** sonnig. **Pflege:** hoher Düngebedarf; gleichmäßig gießen, pflegeleicht, für Kübelpflanzen-Anfänger. **Überwinterung:** frosthart, Töpfe bei starken Frösten schützen.

Lampenputzergras, Federborstengras *Pennisetum alopecuroides* blüht gelbbräunlich von Juli bis September. **Licht:** sonnig. **Pflege:** hoher Düngebedarf; gleichmäßig gießen, pflegeleicht, für Kübelpflanzen-Anfänger. **Überwinterung:** frosthart, Töpfe bei starken Frösten schützen.

Stauden und Gräser

Purpurglöckchen

Heuchera micrantha, H.-Hybriden

Blüte: weiß, rosa oder rot – je nach Sorte von Juni bis Juli. **Blatt:** hell- bis mittelgrün. **Wuchs:** 0,50 bis 0,80 m hoch und 0,20 bis 0,30 m breit, kompakt buschig, horstbildend. **Licht:** halbschattig. **Pflege:** mittlerer bis hoher Düngebedarf; regelmäßig gießen: Pflanzenstand von 30 bis 40 cm; Vermehrung durch Teilung. **Überwinterung:** frosthart, Topf jedoch von außen bei starken Frösten schützen. **Besonderheiten:** schnell und leicht zu pflegen; schöne und robuste Blattschmuckstaude für den Herbst; lockt Bienen und Schmetterlinge an, Schnittblume, für den Gehölzrand; Sortenbeispiele: 'Palace Purple' – bronzerote Blätter; 'Cappucino' – kaffeebraune Blätter.

Funkie

Hosta-Sorten

Blüte: violett von Juli bis August. **Blatt:** blass- bis dunkelgrün, gelb oder weiß gemustert, viele Variationen, ganzrandig. **Wuchs:** 0,50 bis 0,80 m hoch – je nach Sorte, 0,60 bis 1 m breit, rundlich buschig bis überhängend, horstbildend. **Licht:** halbschattig. **Pflege:** mittlerer bis hoher Düngebedarf; regelmäßig gießen. **Überwinterung:** frosthart, Topf jedoch von außen bei starken Frösten schützen. **Besonderheiten:** pflegeleicht; Pflanze wird nicht wegen ihrer Blüten, sondern wegen ihrer Blätter angepflanzt – eine typische Blattschmuckpflanze; treibt erst spät aus; vor Schnecken schützen; Pflanzen brauchen große Gefäße; schöne Begleiter von Fuchsien oder Astilben.

Weitere Stauden und Gräser im Kurzporträt

Sonnenhut *Rudbeckia fulgida* blüht goldgelb von Juli/ August bis Oktober. **Licht:** sonnig. **Pflege:** mittlerer bis hoher Düngebedarf; gleichmäßig gießen; den Spross im späten Herbst oder zeitigen Frühjahr zurückschneiden; pflegeleicht, für Kübelpflanzen-Anfänger. **Überwinterung:** frosthart, Töpfe jedoch von außen und oben bei starken Frösten schützen.

Hohe Flammenblume

Phlox paniculata

Blüte: je nach Sorte orangerosa, purpur, rosa, rot, violett, weiß von Juli bis Oktober. **Blatt:** mittel- bis dunkelgrün, ganzrandig, eiförmig bis lanzettlich oder elliptisch, gesägt, 5 bis 15 cm lang. **Wuchs:** 0,80 bis 1,20 m hoch, 0,60 bis 1 m breit, aufrecht, horstbildend. **Licht:** sonnig bis halbschattig. **Pflege:** hoher Düngebedarf; gleichmäßig gießen; den Spross im späten Herbst oder zeitigen Frühjahr zurücknehmen. **Überwinterung:** frosthart, Topf von außen bei starken Frösten schützen. **Besonderheiten:** pflegeleicht; lockt Bienen und Schmetterlinge an; klein bleibende Sorten: (max. 0,80 m): 'Alabaster' (weiß), 'Frauenlob' (hellrosa), 'Paul Hoffmann' (magentarot).

Steppen-Salbei

Salvia nemorosa

Blüte: violett bis violettblau von Juni bis Juli. **Blatt:** blass- bis dunkelgrün, eiförmig bis länglich, gekerbt, runzelig, bis 10 cm lang. **Wuchs:** 0,50 bis 0,70 m hoch, 0,30 bis 0,50 m breit, aufrecht buschig. **Licht:** sonnig. **Pflege:** mittlerer bis hoher Düngebedarf; gleichmäßig gießen; abgestorbene Pflanzenteile im Herbst entfernen. **Überwinterung:** frosthart, Topf jedoch von außen bei starken Frösten schützen. **Besonderheiten:** robust, pflegeleicht; Duftpflanze; lockt Bienen und Schmetterlinge an; typischer Zier-Salbei; Sortenbeispiele; 'Schneehügel' blüht weiß; 'Blauhügel' hat schöne hellblaue Blüten; wertvoller Begleiter von Rosen.

Reiher-Federgras, Haar-Federgras *Stipa capillata* blüht silbrig gelb von Juli bis August. **Licht:** sonnig. **Pflege:** niedriger Düngebedarf; gleichmäßig gießen; rechtzeitig vor der Reife schneiden; Schnitt geeignet, pflegeleicht, für Kübelpflanzen-Anfänger. **Überwinterung:** frosthart, Töpfe jedoch von außen und oben bei starken Frösten schützen.

Sukkulenten

Rosetten-Dickblatt

Aeonium arboreum 'Atropurpureum'

Blüte: selten, von Januar bis Februar. **Blatt:** braun bis weinrot, saftreich. **Wuchs:** 0,70 bis 1,0 m hoch, glatt und wenig verzweigt, baumartig. **Licht:** sonnig. **Pflege:** niedriger bis mittlerer Düngebedarf; wenig bis mäßig gießen; etwa alle 2 bis 4 Jahre bei Bedarf umtopfen (je älter desto weniger oft); regen- und windgeschützt halten. **Überwinterung:** heller, warmer und trockener Standort bei 10 bis 14 °C, fäulnisgefährdet bei zu hoher Luftfeuchtigkeit. **Besonderheiten:** unkompliziert; bizarrer Wuchs; je heller und wärmer der Standort ist, desto intensiver ist die Rotfärbung der Blätter; auch für temperierten Wintergarten.

Echte Aloe

Aloe vera

Blüte: gelb von Juli bis August. **Blatt:** hellgrün bis graugrün, fleischig, lanzettlich, kann über 0,5 m lang werden; rosettenbildend. **Wuchs:** 0,50 bis 0,70 m hoch, 0,60 m breit, langsam wachsend. **Licht:** sonnig. **Pflege:** mittlerer Düngebedarf; wenig bis regelmäßig gießen. **Überwinterung:** nicht winterhart, frostfrei überwintern, vor dem ersten Frost ins helle Winterquartier (5 bis 10 °C) schaffen. **Besonderheiten:** pflegeleicht; bildet Ableger; der Pflanzensaft wird als Heilmittel bei Schnittverletzungen, Verbrennungen oder auch in der Kosmetik eingesetzt; geerntete Blätter halten sich ca. 14 Tage im Kühlschrank.

Weitere Sukkulenten

Echeverie *Echeveria pilosa* blüht in Gelborange, schöne, graugrüne Blattrosetten. **Licht:** sonnig. **Pflege:** geringer Düngebedarf; mäßig gießen; in Kakteenerde pflanzen. **Überwinterung:** frostempfindlich, hell und kühl im Zimmer halten.

Rutenkaktus *Rhipsalis* blüht gelblich, weiß oder purpufarben von April bis Juli. **Licht:** sonnig bis halbschattig. **Pflege:** mittlerer Düngebedarf; wenig bis mittel viel gießen. **Überwinterung:** in hellem Raum bei Zimmertemperatur.

Fetthenne

Sedum-Arten

Blüte: je nach Art purpurrosa, gelb oder weiß; Zeitpunkt je nach Art. **Blatt:** je nach nach Art. **Wuchs:** 0,05 bis 0,60 hoch, Wuchsform je nach Art. **Licht:** sonnig. **Pflege:** geringer Düngebedarf; wenig gießen. **Überwinterung:** frosthart, Töpfe bei starken Frösten von außen und oben schützen. **Besonderheiten:** pflegeleicht; als Blütenschmuckpflanze ist *Sedum telephinum* (50 cm hoch; große purpurrote Blüten) zu verwenden; für kleine Topfarrangements mit Sukkulenten eignen sich *Sedum spathulifolium*, *Sedum sieboldii* (blaugraue Blätter mit zartem rosafarbenen Rand), *Sedum reflexum*, *Sedum acre* oder *Sedum album*.

Hauswurz

Sempervivum tectorum

Blüte: purpurrot von Juni bis August; Rosette stirbt nach der Blüte ab. **Blatt:** bläulich bis rötlich grün, in 10 cm großen Rosetten, verkehrt-eiförmig, borstige Spitze, blaugrün, teils rötlich überlaufen, bis 4 cm lang. **Wuchs:** 0,10 m hoch, 0,20 m breit, kissenförmig, rosettenbildend, kompakt wachsend. **Licht:** sonnig. **Pflege:** nur bei extremer Trockenheit gießen. **Überwinterung:** frosthart. **Besonderheiten:** bildet ständig Kindel; weitere Arten: Spinnweb-Hauswurz (*S. arachnoideum*, Rosetten wie mit Spinnweben überzogen), *S.* x *funckii* (kleine, rötlich grüne Rosetten) oder *S. marmoreum* (rötliche Rosetten mit grünen Spitzen).

Extra-Tipp

Sukkulenten können Sie ganz klassisch in kleinen Topfgruppen oder schönen Pflanzschalen präsentieren. Aber versuchen Sie doch mal etwas Neues: In einem nicht mehr gebrauchten Schuh, einer Zigarrenschachtel oder einem alten Kochtopf fühlen sich Sedum, Sempervivum & Co. auch für kurze Zeit wohl. Sie brauchen nur magere Pflanzerde einfüllen und für ein Wasserabzugsloch zu sorgen. Stellen Sie Ihre Lieblinge vor Regen geschützt auf.

Kräuter

Zitronen-Melisse

Melissa officinalis

Blüte: weiß von Juni bis August. **Blatt:** hell- bis mittelgrün, gesägt, doppelt gesägt, eiförmig, runzelig, bis 7 cm lang; duften frisch, wenn man sie zerreibt. **Wuchs:** 0,50 bis 0,80 m hoch, 0,30 bis 0,60 m breit, aufrecht buschig. **Licht:** sonnig. **Pflege:** mittlerer Düngebedarf; gleichmäßig gießen; Rückschnitt des Sprosses im Herbst. **Überwinterung:** frosthart, Topf von außen bei starken Frösten schützen, in rauen Lagen auch das Erdreich oben abdecken. **Besonderheiten:** pflegeleicht; Duftpflanze, Küchen-, Tee- und Heilkraut, intensiv duftend, lockt Bienen und Schmetterlinge an.

Majoran

Origanum majorana

Blüte: weiß bis rosa von Juli bis September. **Blatt:** graugrün, eiförmig bis elliptisch, weich behaart, 0,5 bis 3 cm lang, aromatisch duftend. **Wuchs:** 0,30 bis 0,60 m hoch, 0,30 bis 0,50 m breit, aufrecht buschig. **Licht:** sonnig. **Pflege:** mittlerer Düngebedarf; gleichmäßig gießen. **Überwinterung:** frosthart, Topf jedoch von außen bei starken Frösten schützen; im Frühjahr neu aussäen. **Besonderheiten:** pflegeleicht, Duftpflanze, Küchen-, Tee- und Gewürzkraut; intensiv duftend, lockt Bienen und Schmetterlinge an; geerntet wird früh morgens den ganzen Sommer über.

Noch mehr Kräuter für den Topfgarten

Pfefferminze *Mentha* x *piperita* blüht rötlich violett von Juli bis September. **Licht:** sonnig. **Pflege:** mittlerer bis hoher Düngebedarf; gleichmäßig gießen, pflegeleicht, für Kübelpflanzen-Anfänger; Heilpflanze und Teekraut. **Überwinterung:** frosthart, Töpfe bei starkem Frost schützen.

Basilikum *Ocimum basilicum* blüht in Rosapurpur bis Weiß von Juli bis September. **Licht:** sonnig. **Pflege:** mittlerer bis hoher Düngebedarf; gleichmäßig gießen, pflegeleicht, für Kübelpflanzen-Anfänger; Küchenkraut. **Überwinterung:** ab Frost im Zimmer pflegen.

Rosmarin

Rosmarinus officinalis

Blüte: hellviolett von Mai bis Juni. **Blatt:** dunkelgrün, ganzrandig, linealisch, ledrig, bis 5 cm lang, immergrün. **Wuchs:** 1 bis 1,50 m hoch, 0,70 bis 1,20 m breit, aufrecht buschig. **Licht:** sonnig geschützt. **Pflege:** niedriger Düngebedarf; wenig gießen; im Herbst oder im Winter bis zum alten Holz zurückschneiden. **Überwinterung:** frostempfindlich, vor dem ersten Frost Kübel und Töpfe in helles, frostfreies Winterquartier bringen. **Besonderheiten:** pflegeleicht; mehrjährig; Küchen- und Heilkraut, Naturkosmetik, intensiv duftend, Ernte kann das ganze Jahr über erfolgen.

Garten-Salbei

Salvia officinalis

Blüte: blauviolett bis fliederblau von Juni bis August. **Blatt:** graugrün, länglich-eiförmig bis elliptisch, wollig behaart, bis 8 cm lang, duften intensiv. **Wuchs:** 0,50 bis 0,70 m hoch; aufrecht buschig. **Licht:** sonnig. **Pflege:** mittlerer Düngebedarf; gleichmäßig gießen; im Frühjahr bis zum alten Holz zurückschneiden. **Überwinterung:** relativ frosthart, Topf von außen bei starken Frösten schützen, in rauen Lagen auch die Erde abdecken. **Besonderheiten:** pflegeleicht; Duft-, Heilpflanze, Küchen- und Teekraut, lockt Bienen und Schmetterlinge an; junge Blätter bis zum Herbst ernten.

Gewöhnlicher Dost *Origanum vulgare* blüht hellviolett von Juli bis September. **Licht:** sonnig. **Pflege:** mittlerer Düngebedarf; gleichmäßig gießen, pflegeleicht, Küchenkraut. **Überwinterung:** frosthart, Töpfe jedoch von außen und oben bei starken Frösten schützen.

Garten-Thymian *Thymus vulgaris* blüht hellrosa bis purpurrosa von Juli bis September. **Licht:** sonnig. **Pflege:** niedriger Düngebedarf; wenig gießen; leichter Rückschnitt im Frühjahr, pflegeleicht, Küchenkraut. **Überwinterung:** frosthart, Töpfe bei starken Frösten schützen.

Gemüse

Kohlrabi

Brassica oleracea var. *gongylodes*

Standort: sonnig, in fruchtbarer Erde. **Pflege:** mittlerer bis hoher Düngebedarf; regelmäßig gießen. **Anzucht:** Jungpflanzenanzucht im Gewächshaus oder auf der Fensterbank ab Februar, ins Freie können Kohlrabi ab April/Mai, Platzbedarf etwa 25 x 30 cm, große Sorten brauchen 50 x 50 cm, daher für Kübel und Kästen die kleineren nehmen. **Ernte:** Mai/Juni bis Oktober. **Besonderheiten:** pflegeleicht; gute Kinderpflanze; Knollen bis zur Ernte nicht zu groß werden lassen, da sie sonst holzig werden.

Zucchini

Cucurbita pepo var. *giromontiina*

Standort: sonnig, in fruchtbarer bis lehmig-humoser Erde. **Pflege:** hoher Düngebedarf; viel gießen; Pflanze braucht viel Platz, ist aber unkompliziert im Topf zu pflegen. **Anzucht:** Aussaat in Saatkisten ab April, Pflanzung im Mai, Platzbedarf: etwa 90 x 90 cm, also großen Topf aussuchen. **Ernte:** geerntet wird laufend, wenn Früchte gewünschte Größe erreicht haben; nicht zu groß werden lassen. **Besonderheiten:** pflegeleicht; ausgesprochene Kinderpflanze; es gibt auch Sorten mit gelben Früchten.

Weitere Gemüsearten

Mangold *Beta vulgaris* var. *vulgaris* blüht von Juli bis August. **Licht:** sonnig. **Pflege:** mittlerer bis hoher Düngebedarf; regelmäßig gießen; Pflanzabstand 30 (Reihenabstand) x 5 cm Pflanzabstand, Ernte der äußeren Blätter oder der ganzen Pflanze ab Juni bis Oktober, pflegeleicht.

Salatgurke, Freilandgurke *Cucumis sativus* blüht laufend während der Vegetationsperiode. **Licht:** sonnig. **Pflege:** hoher Düngebedarf; viel gießen; 100 (Reihenabstand) x 30 cm Pflanzabstand, Jungpflanzenanzucht ab März/April; Auspflanzung im Mai, pflegeleicht.

Kopfsalat

Lactuca sativa var. *capitata*

Standort: sonnig, in fruchtbarer bis lehmig-humoser Erde. **Pflege:** mittlerer bis hoher Düngebedarf; regelmäßig gießen. **Anzucht:** Aussaat ab April in Saatkisten, Pflanzung ab Mai bis August, Platzbedarf: 30 x 30 cm. **Ernte:** von Frühjahr bis Herbst. **Besonderheiten:** pflegeleicht; mit zeitlichen Abständen pflanzen, dann hat man laufend erntereife Köpfe; schöne Kinderpflanze, Schnitt- und Pflücksalat eignen sich auch hervorragend für Kästen und Töpfe und lassen sich laufend ernten.

Tomate

Lycopersicon esculentum

Standort: sonnig, in lockerer bis fruchtbarer Erde. **Pflege:** hoher Düngebedarf; häufig gießen. **Anzucht:** Aussaat im März in Saatschalen; Pflanzung ab Mitte Mai; Seitentriebe regelmäßig ausbrechen. Platzbedarf: 40 bis 50 x 60 cm; zugekaufte Jungpflanzen bringen oft höhere Ernten. **Ernte:** von Sommer bis Herbst. **Besonderheiten:** pflegeleicht; unzählige Sorten von kleinen Cocktail- oder Kirschtomaten bis zu großen Fleischtomaten, jeweils in Rot und Gelb; für Töpfe und Kübel bieten sich eher die Sorten mit kleineren Früchten an.

Feuer-Bohne *Phaseolus coccineus* blüht orangerot von Juli bis August. **Blatt:** mittelgrün. **Licht:** sonnig. **Pflege:** geringer Düngebedarf; gleichmäßig gießen; 100 (Reihenabstand) x 20 cm Pflanzabstand, Aussaat im April oder Mai, Ernte ab Juli bis September, pflegeleicht.

Radieschen *Raphanus sativus* var. *sativus* will sonnig stehen. **Pflege:** pflegeleicht; mittlerer Düngebedarf; regelmäßig gießen; 10 bis 15 x 2 cm Pflanzabstand, im Winter im Gewächshaus oder Frühbeet; Aussaat ab März im Freien, Ernte 4 bis 10 Wochen nach der Aussaat.

Obst

Erdbeere

Fragaria x ananassa

Blüte: weiß von April bis Juni. **Wuchs:** 0,15 bis 0,25 m hoch; 0,30 m breit; kompakt bis flach wachsend. **Standort:** sonnig bis halbschattig, in durchlässiger und fruchtbarer Erde, ansonsten keine besonderen Ansprüche. **Pflege:** mittlerer bis hoher Düngebedarf; regelmäßig gießen, wenn sich die Früchte entwickeln, muss viel gewässert werden. **Ernte:** ab Juni; Erdbeeren sind selbstfruchtbar. **Überwinterung:** im Freien, Töpfe jedoch guten Winterschutz mit Reisig geben. **Besonderheiten:** pflegeleicht; vitaminreich; es gibt zahlreiche Sorten mit unterschiedlichstem Aroma und Fruchtgröße, auch die rankenden Monatserdbeeren und Walderdbeeren lassen sich gut im Topf pflegen.

Ballerina-Äpfel

Malus domestica

Blüte: weiß bis zartrosa von April bis Mai. **Wuchs:** aufrecht, schlank, gerade nach oben wie eine Säule. **Standort:** sonnig, in durchlässiger und fruchtbarer Erde. **Pflege:** mittlerer Düngebedarf; gleichmäßig gießen, während der Fruchtentwicklung mehr wässern, ein Schnitt ist in der Regel nicht nötig. **Ernte:** geerntet werden kann sortenabhängig ab Juli. **Überwinterung:** im Freien, Topf jedoch bei strengem Frost von außen und oben Winterschutz mit Reisig geben. **Besonderheiten:** pflegeleicht; selbstunfruchtbar, Befruchtersorte notwendig; für Balkon und Terrasse eignen sich die Ballerina-Äpfel besser als Apfelbäume, die man in den Garten pflanzt.

Obst als Sichtschutz

Obst auf Balkon und Terrasse ist nicht nur lecker, es kann sogar Gestaltungsprobleme lösen. Wenn Sie zum Beispiel einen Sichtschutz brauchen, dann lassen Sie einfach eine Kiwi (*Actinidia*) an einem Rankgerüst hochklettern. Im Nu haben Sie eine grüne Wand. Um Früchte zu erhalten, müssen Sie allerdings männliche und weibliche Pflanzen setzen.

Rote, Weiße, Schwarze Johannisbeere *Ribes rubrum, R. nigrum*

Blüte: unscheinbar im April. **Wuchs:** 1 bis 1,20 m hoch; 0,80 bis 1,20 m breit; für die Kübelpflanzung eignen sich besonders die Hochstämmchen, die zwar etwas teurer sind, sich jedoch gut ernten lassen und nicht so viel Platz brauchen. **Standort:** sonnig bis halbschattig, in humoser und fruchtbarer Erde. **Pflege:** mittlerer bis hoher Düngebedarf; gleichmäßig gießen, während der Fruchtentwicklung viel gießen; nach der Ernte zurückschneiden, alle Basistriebe entfernen, die älter als 4 Jahre sind; Rückschnitt von schwach tragenden, älteren Hauptästen nach der Ernte; **Ernte:** geerntet werden kann – je nach Sorte – schon ab Ende Juni. **Überwinterung:** im Freien, Topf jedoch bei strengem Frost von außen und oben Winterschutz mit Reisig geben. **Besonderheiten:** pflegeleicht; selbstfruchtbar, zusätzliche Befruchtersorte ist jedoch empfehlenswert, es gibt sehr viele Sorten, beispielsweise 'Rolan' und 'Jonkheer van Tets' (rot), 'Weiße Versailler' sowie 'Blanka' (weiß) und 'Titania', 'Ben Lomond' sowie 'Ometa' (schwarz).

Stachelbeere *Ribes uva-crispa*

Blüte: unscheinbar von April bis Mai. **Wuchs:** bis 1 m hoch; 0,80 bis 1 m breit; für die Kübelpflanzung eignen sich besonders die Hochstämmchen, die zwar etwas teurer sind, sich jedoch bequem ernten lassen, und nicht viel Platz brauchen. **Standort:** sonnig bis halbschattig, in humoser und fruchtbarer Erde. **Pflege:** mittlerer Düngebedarf; gleichmäßig gießen, während sich die Früchte entwickeln viel wässern; nach der Ernte zurückschneiden, alle Basistriebe entfernen, die älter als 4 Jahre sind. **Ernte:** geerntet werden kann – je nach Sorte – schon ab Ende Juni. **Überwinterung:** im Freien, Topf jedoch bei strengem Frost von außen und oben Winterschutz mit Reisig geben. **Besonderheiten:** pflegeleicht; selbstfruchtbar, zusätzliche Befruchtersorte ist jedoch empfehlenswert; mehltauresistente Sorten wählen; interessant ist auch die Jostabeere, eine Kreuzung zwischen Johannisbeere und Stachelbeere; es gibt weißgrüne ('Reflamba'), gelbgrüne ('Invicta') bis dunkelrote ('Rolonda') und schwarzrote ('Rokula') Sorten.

Adressen

Eine optimale Informationsquelle in allen Pflanzen-Angelegenheiten bietet Ihnen das Gartenforum der Zeitschrift MEIN SCHÖNER GARTEN.
Adresse:
http:/www.mein-schoener-garten.de

Balkonpflanzen

Gärtner Pötschke
Beuthener Straße 4
41561 Kaarst
Tel.: 0 21 31/79 33 33
www.gaertner-poetschke.de

Ahrens & Sieberz
53718 Siegburg-Seligenthal
Tel.: 0 22 42/88 91 11
www.ahrens-sieberz.de

Baldur-Garten
Elbinger Straße 12
64625 Bensheim
Tel.: 0 62 51/10 35 10
www.baldur-garten.de

Dieter Stegmeier
Unteres Dorf 7
73457 Essingen
Tel.: 0 73 65/91 91 17

Kübelpflanzen

Ibero Import
Bahnhofstraße 12
37249 Neu-Eichenberg
Tel.: 0 55 42/18 45
www.ibero-import.net

Versandgärtnerei Koitzsch
Arheilger Straße 16
64390 Erzhausen
Tel.: 0 61 50/61 47

Rudolf und Klara Baum, Gärtnerei
(u.a. große Fuchsiensammlung)
Scheffelrain 1
71229 Leonberg
Tel.: 0 71 52/2 75 58 od. 2 45 57

Flora Mediterranea
Königsgütler 5
84072 Au/Hallertau
Tel.: 0 87 52/12 38
www.floramediterranea.de

Flora Toskana
Böfinger Weg 10
89075 Ulm/Donau
Tel.: 07 31/926 70 95
www.flora-toskana.de

Spezialgärtnereien

Kräuter- und Staudengärtnerei Mann
Schönbacher Str. 25
02708 Lawalde
www.plantasia .de
www.staudenmann.de

Gehölzraritäten
Baumschule H. Hachmann
Brunnenstraße 68
25355 Barmstedt (Holstein)
www.hachmann.de

Stauden- und Kräutergärtnerei
Dieter Gaissmayer
Jungviehweide 3
89257 Illertissen
www.gaissmayer.de

Raritätengärtnerei
Franz. X. Treml
Eckerstr. 32
93471 Arnbruck
www.pflanzentreml.de

KOSMOS-Büchertipps

Beck, Peter: Die schönsten Miniwassergärten, 1997

Braun-Bernhart/Mann: Balkon und Terrasse, 2004

Kötter, Engelbert: Topf- und Kübelpflanzen, 2003

Peters, Susanne: Balkon und Terrasse traumhaft gestalten, 1997

Register

Halbfette Seitenzahlen verweisen auf Abbildungen.

Abendstimmung 18
Abutilon-Arten 13, 26
Abutilon x *hybridum* **50**, 50
Acca sellowiana **14**, 60
Acer palmatum 23, 68, **68**
Actinidia 88
Aeonium arboreum 'Atropurpureum' 82, **82**
Agapanthus 13, **24**, 29, 50, **50**
Agava americana 56, **56**
Agave, amerikanische 56, **56**
Ahorn, Fächer- 23
Alchemilla mollis 16
Alocasia macrorrhiza 12, 60
Aloe vera 82, **82**
Aloe, Echte 82, **82**
Alokasie 13, 60
Aloysia triphylla 8, 19, 61
Amelanchier lamarckii 23
Amerikanische Agave 56, **56**
Amerikanische Trompetenblume 76
Anisodontea 26
Anisodontea capensis 61
Apfel 17
April, Arbeiten im 48
Aralie, Zimmer- 14
Arbeiten von Januar bis Dezember 48
Arbutus unedo 56, **56**
Argyranthemum frutescens **16**, 19
Artemisia absinthium 11
Artischocke **11**
Asclepias curassavica 13, 62
Aster dumosus 23
Aster novae-angliae 23
Aster novi-belgii 23
Aster, Herbst- 23
Astilbe 20, **21**
Astilbe x *arendsii* 78
Astilbe, Garten- 78
Aubergine 16
Aucuba japonica 14, 21, 60, **60**
August, Arbeiten im 48
Aukube 14, 21, 60, **60**
Ausräumen 38
Aussaat 46

Bakterien 45
Balkon, Duft- 18
Balkon-Gemüse 17
Ballerina-Apfel 88, **88**
Bambus, Zwerg- 78
Banane, Japanische Faser- 64, **64**
Bartblume 23, 70
Basilikum 34, 84
Bauerngartenstauden 16
Bäume 68ff
Beleuchtung 19
Bellis 22, **22**
Beta vulgaris var. *vulgaris* 86
Bidens ferulifolia 50
Blattläuse 44, **44**, **45**
Blattschmuckpflanze 13, 14
Blau blühende Topfpflanzen **28**
Blauflügelchen 13, 29, 62
Blauraute 11, 72
Blau-Schwingel 79, **79**
Blausterne 22
Bleiwurz 19, 28, 29, 53, **53**
Blumenrohr, Indisches 13, **13**, **61**
Blüten, duftende 19
Blütenstauden, robuste 25
Blütensträucher für den Schatten 20
Bohne, Feuer- 87
Bougainvillea glabra 57, **57**
Bougainvillea 26
Bougainvillee 8, 26, **27**, 57, **57**
Brasilianische Guave **14**, 60
Brassica oleracea var. *gongylodes* 86, **86**
Brugmansia 8, 19, 26, 51, **51**
Buchsbaum 21, **21**, 23, 68, **68**
Buchsbaum, Schnitt 41
Buddleja alternifolia 69, **69**
Buntnessel 21
Buxus sempervirens 21, **21**, 68, **68**

Calamondin 55, **55**
Callicarpa bodinieri 23, 68
Callistemon-Arten 14, **15**
Callistemon citrinus 60, **60**
Camellia japonica 21, 26, 61
Campanula 78, **78**
Campsis radicans 14, 76
Canna indica-Hybriden 13, 61, **61**
Caragana aborescens 69
Carex morrowii 'Variegata' **21**
Carex 21
Caryopteris x *clandonensis* 23, 70
Cassia corymbosa 19, 62, **62**
Ceanothus x *delilianus* 11, 70
Cestrum aurantiacum 62, **62**
Cestrum-Arten 13
Cestrum elegans **47**, 62, **62**
Cestrum nocturnum 19, 62, **62**
Chamaecyparis 10
Chamaerops humilis 66, **66**
Chinesischer Roseneibisch 13, 26, 52, **52**
Choisya ternata 19, 29, 63, **63**
Chrysantheme, Herbst- 23
Cistus 8
X *Citrofortunella microcarpa* 55, **55**
Citrus-Arten 8, 54f
Citrus aurantiifolia 54
Citrus aurantium 54
Citrus limon 54, **54**
Citrus limon 'Meyeri' **9**
Citrus reticulata 54, **54**
Clematis-Hybriden 14, 76, **76**
Clerodendron ugandense 13, 29, 62
Colchicum 23
Colocasia esculenta 12
Cordyline australis 63
Country-Topfgarten 16, **17**, 48
Crocus-Hybride 22
Cucumis sativus 86
Cucurbita pepo 86, **86**
Cupressus sempervirens 8, 56
Currykraut 11, 19, 34
Cycas revoluta 67
Cyperus papyrus 12

Dattelpalme 13
Dattelpalme, Echte 67, **67**
Dattelpalme, Zwerg- 66
Delphinium-Hybriden 16, 29, 78, **78**
Dezember, Arbeiten im 48
Dicentra spectabilis 20
Dickblatt, Rosetten- 82, **82**
Dickfleischige Pflanzen 32
Dost, Gewöhnlicher 85
Dschungel-Oase 13
Duft-Balkon 18
Duftende Blüten 19
Duft-Geranie 18

Duft-Pelargonie 8, 11, 18, 19
Duftpflanzen 8
Duft-Wicke 76
Düngen 42f, **42**
Düngerarten 43
Dunkelkeiner 46

Echeveria pilosa 82
Echeverie **33**, 82
Echte Aloe 82, **82**
Echte Dattelpalme 67, **67**
Echter Feigenbaum 57
Echter Lavendel 59
Echter Lorbeer 57, **57**
Echter Mehltau **44**, 45
Echter Rosen-Eibisch 70, **70**
Edelrose 'Ambiente®' 74, **74**
Efeu 21
Eibe, Gewöhnliche 69, **69**
Eibisch, Echter Rosen- 70, **70**
Einkaufstipps 37
Eisenholzbaum 14, 64
Elefantenohr 12
Engelstrompete 8, 19, 26, 51, **51**
Englische Rose 'Anne Boleyn' **31**
Englische Rose 'Graham Thomas®' 74
Ensete ventricosum 12
Enzianstrauch 29, **29**, 52
Eranthis 22
Erbsenstrauch, Hängender 69
Erdbeerbaum 56, **56**
Erdbeere 17, 88, **88**
Erde 37
Eriobotrya japonica 63
Erythrina crista-galli 14, 63, **63**
Eukalyptus 11
Eucalyptus gunnii 11
Euonymus europaeus 23
Euonymus planipes 23
Exotische Kübelpflanzen 60ff

Fächer-Ahorn 23, 68, **68**
Fächerblume **24**
Farbkreis 7
Fargesia murieliae 79, **79**
Farne 21
Faser-Banane, Japanische 12, 64, **64**
Fatsia japonica 14
Februar, Arbeiten im 48
Federborstengras 79
Federgras, Haar- 81
Federgras, Reiher- 81
Feierabend-Terrasse 19
Feige 9, 56
Feigenbaum, Echter 57
Felberich, Gold- 16
Felsenbirne 23
Festuca cinerea 79, **79**
Fetthenne 32, 33, 83, **83**
Feuer-Bohne 87
Feuerdorn 23, 71
Fichte 23
Ficus carica 9, 56
Flammenblume 16
Fleißiges Lieschen **20**
Flieder 22
Flüssigdünger 25
Forsythie 22
Fortunella 8
Fortunella hindsii 55, **55**
Fortunella japonica **9**, 55, **55**
Fortunella margarita 55, **55**
Fragaria x *ananassa* 88, **88**
Frangipani 13, 64f
FrauenmanTel. 16
Freilandgurke 86
Frühling 22
Fuchsia-Hybriden 51, **51**
Fuchsie 20, **21**, 51, **51**
Fünffingerstrauch 72, **72**
Funkie 21, **21**, **24**, 80, **80**

Galanthus 22
Garten-Astilbe 78
Garten-Hortensie 17, 20, 29, 70, **70**
Garten-Salbei 85, **85**
Garten-Thymian 85
Gärtnerei 36
Geißblatt 77
Gelbtafeln 44, 45
Gemüse 86f
Gemüse aus dem Topf 16f
Genista 22
Geranie, Duft- 18
Gestaltung 5ff
Gewöhnliche Eibe 69, **69**
Gewöhnliche Myrte 58, **58**
Gewöhnlicher Dost 85
Gewürzrinde 62, **62**
Gewürzstrauch 19
Gießen 42
Ginster 22
Glockenblume 78, **78**
Gold-Felberich 16
Goldmarie 50
Granatapfel 9, 59, **59**
Gräser 78ff
Guave, Brasilianische 60

Haar-Federgras 81
Hammerstrauch 13, **47**, 62, **62**
Hanfpalme 13, 67, **67**
Hängender Erbsenstrauch 69
Harken **42**
Hauswurz 32, 83, **83**
Hedera 21
Heidekraut 23
Heiligenkraut 11
Helichrysum 19
Helichrysum italicum 11, 34
Heliotropium 19
Heliotropium arborescens 29, 51
Hemerocallis-Hybriden 79
Herbst 23, **23**
Herbst-Aster 23
Herbst-Chrysantheme 23
Herbstzeitlose 23
Heuchera 20
Heuchera micrantha 80, **80**
Hibiscus-rosa-sinensis-Hybride 13, 26, **52**
Hibiscus syriacus 70, **70**
Himbeere 17
Hochstämmchen 41, 51
Hohe Flammenblume 81, **81**
Hortensie 27
Hortensie, Garten- 17, 20, 29, 70, **70**
Hosta 21, **21**, 24, 80, **80**
Howeia forsteriana 66, **66**
Hyazinthen 22, **22**
Hydrangea macrophylla 17, 20, 29, 70, **70**

Ilex crenata 73
Immergrüne 21
Indisches Blumenrohr 13, **13**, 61, **61**
Iochroma-Arten 15
Iochroma solanaceae 64
Ipomoea 28
Ipomoea alba 76, **76**
Ipomoea tricolor 29

Januar, Arbeiten im 48
Japanische Faser-Banane 12, 64, **64**
Japanische Lavendelheide 71, **71**
Japanische Stechpalme 73
Japan-Segge 21, **21**
Johannisbeere 89, **89**
Juli, Arbeiten im 48
Juni, Arbeiten im 48

Kältekeimer 46
Kamelie 21, 26, 61, **61**
Kapfuchsie 13
Kapkörbchen 8
Kentiapalme 66, **66**
Kerria japonica 71, **71**
Kerrie 71
Keulenlilie 63
Kiefer 23
Kirschlorbeer 23, 72, **72**
Kiwi 88
Klassiker 50ff
Klebsame 8, 59, **59**
Kleinstrauchrose 'Loredo®' 75
Kleinstrauchrose 'Red Meidiland®' 75
Kleinstrauchrose 'Swany®' 75
Kletterpflanzen 76
Knollen- und Zwiebelpflanzen 17
Kohlrabi 86, **86**
Königs-Lilie 19
Kopfsalat 86, **87**
Korallenstrauch 14, 63, **63**
Krankheiten 44
Kräuter 34, **34**, 48, 84f
Kreppmyrte 8, 26, 58
Krokusse 22
Kübelpflanzen, Exotische 60ff
Kübelpflanzen, Mediterrane 56ff
Kübelpflanzen, Pflege 42
Kübelpflanzenerde 37
Kumquat 55, **55**
Kumquatpflanze 9

***L**actuca sativa* var. *capitata* 87, **87**
Lagerstroemia 26
Lagerstroemia indica 8, 58
Lampenputzergras 79
Landhausstil 16ff
Langzeitdünger 43
Lantana camara 52, **52**
Lathyrus odoratus 76
Laurus nobilis 8, 10, 57, **57**
Lavandula angustifolia 10, 29, 59
Lavatera 26
Lavendel 10, 11, 19, 29, 34, 59
Lavendelheide 20
Lavendelheide, Japanische 71, **71**
Leptospermum 26
Leptospermum scoparium 15, 64, **64**
Leucojum vernum 22
Lichtkeimer 46
Liebesperlenstrauch 23, 68
Lilie **24**
Lilien, Königs- 19
Lonicera x *heckrottii* 77
Lorbeer 8, **8**, 10
Lorbeer, Echter 57, **57**
Lorbeer, Schnitt 41
Lycianthes rantonnetii 29, **29**, 52
Lycopersicon esculentum 87, **87**
Lysimachia punctata 16

Mai, Arbeiten im 48
Majoran 84, **84**
Malus domestica 88, **88**
Mandarine 54, **54**
Mangold 86
Mangold, Stiel- 16
März, Arbeiten im 48
Märzenbecher 22
Maßliebchen 22, **22**
Mediterrane Kräuter 9
Mediterrane Kübelpflanzen 56ff
Mediterraner Topfgarten 8 f, **8**
Melissa officinalis 84, **84**
Melisse, Zitronen- 84, **84**
Mentha x *piperita* 84
Metrosideros excelsa 15, 64
Metrosideros robusta 15
Mittelmeerambiente 8
Mittelmeerkräuter 10
Mittelmeer-Zypresse 8, 56
Musa basjoo 12, 64, **64**
Muscari 22
Myosotis 22
Myrte 11
Myrte, Gewöhnliche 58, **58**
Myrtus communis 11, 58, **58**

Nachtjasmin 19
Nachtschatten 19
Narzisse 22, **22**
Nerium 26
Nerium oleander 8, 19, 53, **53**
November, Arbeiten im 48

Obst 17, 88f
Ocimum basilicum 34, 84
Oktober, Arbeiten im 48
Olea europaea 10, **10**, 58, **58**
Oleander 8, 19, 26, 53, **53**
Oleanderkrebs 45
Olive 58, **58**
Olivenbäumchen **8**, 10, **10f**
Orangenbaum 29
Orangenblume 19, 63, **63**
Oregano 34
Orient-Ecke **15**
Orient-Stil 14, 15
Origanum 34
Origanum majorana 84, **84**
Origanum vulgare 85
Osmanthus-Arten 15

Palmen 12f, **12**, 66f
Palmfarn 67
Palmlilie 67
Paprika 16
Papyrus 12
Paradiesvogelblume 14, 65, **65**
Passiflora caerulea 77, **77**
Passionsblume 77, **77**
Pelargonie 8
Pelargonie, Duft- 18, 19
Pelargonie, stehende 53
Pelargonienwelke 45
Pelargonium zonale 53
Pennisetum alopecuroides 79
Perovskia abrotanoides 11, 72
Petersilie 34
Petticoatpalme 13, 66
Pfaffenhütchen 23
Pfefferminze 84
Pflanzen kaufen 36
Pflanzen, dickfleischige 32
Pflanzenschädlinge 45
Pflanzenschutz 44
Pflege, Kübelpflanzen 42
Phaseolus coccineus 87
Phlox 16
Phlox paniculata 81, **81**
Phoenix dactylifera 13, 67, **67**

Phoenix roebelenii 66
Phygelius capensis 13
Picea 23
Pieris japonica 20
Pieris japonica 'Red Mill' 71, **71**
Pilzkrankheiten 45
Pinus 23
Pittosporum tobira 8, 59, **59**
Pleioblastus pumilus 78
Plumbago 28
Plumbago auriculata 19, 29, 53, **53**
Plumeria rubra 13
Pomeranze 54
Potentilla fruticosa 72, **72**
Prachtspiere 20, 78
Primel 22
Prinzessinnenblume 13, 29
Prinzessinnenstrauch 65, **65**
Provence 10
Prunkwinde 28, 29, 76, **76**
Prunus laurocerasus 23, **72**
Punica granatum 9, 59, **59**
Purpurglöckchen 20, 80, **80**
Pyracantha 23
Pyracantha-Hybride 'Golden Charmer' 71

Radieschen 87
Ranunkelstrauch 71, **71**
Raphanus sativus var. *sativus* 87
Raupen 45
Reiher-Federgras 81
Rhipsalis 82
Rhododendron 20, **20**, 22f, 73, **73**
Rhododendron, Zwerg- 73, **73**
Rhododendron-Repens-Hybriden **73**
Ribes nigrum 89
Ribes rubrum 89
Ribes uva-crispa 89, **89**
Ricinus communis 13
Rittersporn 16, 29, 78, **78**
Robuste Blütenstauden 25
Rosa blühende Topfpflanzen 26
Rose 'Ambiente®' 74, **74**
Rose 'Anne Boleyn' **31**
Rose 'Apricot Clementine ®'Zwergrose 74, **74**
Rose' Graham Thomas®' 74
Rose 'Honeymilk®' 74
Rose 'Knirps' **31**
Rose 'Kordana®' 74
Rose 'Loredo®' 75
Rose 'Red Eden Rose®' 75
Rose 'Red Meidiland®' 75, **75**
Rose 'Sonnenkind®' 75, **75**
Rose 'Swany®' 75
Rosen 11, 17, **30**, 74f
Rosenbegleiter 30
Roseneibisch, Chinesischer 26, 52, **52**
Rosen-Eibisch, Echter 70, **70**
Rosengarten 30
Rosen-Praxis 30
Rosetten-Dickblatt 82, **82**
Rosmarin 19, 34, 85, **85**
Rosmarinus officinalis 34, 85, **85**
Rote Johannisbeere 89, **89**
Rückschnitt 40
Rudbeckia fulgida 80
Russelia equisetiformis 15, 65
Rüsselkäfer 45
Rußtau 45
Rutenkaktus 82

Saatgut 46
Säckelblume 11, 70
Salatgurke 86
Salbei, Garten- 85, **85**
Salbei, Steppen- 81, **81**
Salvia nemorosa 81, **81**
Salvia officinalis 85, **85**
Santolina chamaecyparissus 11
Saure Limette 54
Schädlinge 44
Schatten 20
Scheinmalve 26, 61
Scheinzypresse 10
Schildläuse 44, 45
Schirmbambus 79, **79**
Schmierläuse 44
Schmucklilie 13, **24**, 29, 50, **50**
Schnecken 45
Schneeglöckchen 22
Schnittlauch 34
Schönfrucht 68
Schönmalve 13, 26, 50, **50**
Schwarzäugige Susanne 77, **77**
Schwarze Johannisbeere 89, **89**
Scilla 22
Sedum 32, 83, **83**
Sedum telephium 33
Seidenpflanze 13, 62
Sempervivum 32
Sempervivum tectorum 83, **83**
Senna corymbosa 19, 62, **62**
September, Arbeiten im 48
Skimmie 20
Solanum bonariense 19
Solanum jasminoides 65
Solanum rantonnetii 52
Solenostemon 21
Sommer 22
Sommerblumen 8
Sommerflieder, Wechselblättriger 69, **69**
Sommerpflege 43
Sonnenblume 11
Sonnenhut 80
Spanische Gänseblümchen 8
Spiegel 14
Spinnmilben 44, 45
Springbrunnenpflanze 15, 65
Stachelbeere 17, 89, **89**
Stauden 78ff
Stauden für den Schatten 20
Stechpalme, Japanische 73
Stecklinge 46, 47
Stehende Pelargonie 53
Steppen-Salbei 81, **81**
Sternjasmin 15, 77
Stiefmütterchen **22**
Stiel-Mangold 16
Stipa capillata 81
Sträucher 68ff
Strauchmalven 26
Strauchmargerite **16**, 19, 50
Strauchrose 'Red Eden Rose®' 75
Strelitzia reginae 14, 65, **65**
Studentenblume **24**
Südseemyrte 15, 26, 64, **64**
Sukkulente 32, **32**, 82
Süßkirsche 17
Syringa 22

***T**agetes tenuifolia* **24**
Taglilie 79
Taro 12
Taxus baccata 69, **69**
Teilung 46
Terrakotta-Gefäße 37
Terrasse, Feierabend- 19
Thripse 44
Thunbergia alata 77, **77**
Thymian **10**, 34
Thymian, Garten- 85

Thymus vulgaris 34, 85
Tibouchina 13, 29, 65, **65**
Tomate 16, 87, **87**
Töpfe 36f
Topfgarten, Country- **17**, 48
Topfpflanzen,
blau blühende **28**
Topfpflanzen,
rosa blühende 26
Topfrose 'Kordana®' 74
Topfsträucher, winterharte 25
Trachelospermum jasminoides 15, 77
Trachycarpus fortunei 13, 67, **7**
Tränendes Herz 20
Traubenhyazinthe 22
Trauermücken 45
Trompetenblume 14, 76
Tulpe 22

Überwinterung 38
Umtopfen 25, 39, **39**
Urlaubszeit 42

Vanilleblume 8, 19, 29, 51
Veilchen 22
Veilchenstrauch 15, 64
Verbene **26**
Vergissmeinnicht 22
Vermehrung 46
Viola 22, **22**

Waldrebe 14, 76, **76**
Wandelröschen 52, **52**
Washingtonia 13, 66
Wässern **42**
Wechselblättriger
Sommerflieder 69, **69**
Weiße Fliege 44, 45
Weißer Schwan 65
Wermut 11
Wicke, Duft- 76
Windlichter **19**
Winterharte Topfsträucher 25
Winterlinge 22
Wollläuse 44, 45
Wollmispel 63
Wunderbaum 13

Yucca aloifolia 67

Zier-Banane 12, 13
Zier-Kirschen 22
Zier-Lauch 11
Zimmer-Aralie 14
Zistrose 8
Zitrone **8**, **9**, 54, **54**
Zitronen-Melisse 84, **84**
Zitronenstrauch 8, 19, 61
Zucchini 16, 86, **86**
Zwerg-Bambus 78
Zwerg-Dattelpalme 66
Zwergpalme 66, **66**
Zwerg-Rhododendron 73, **73**
Zwergrose 'Apricot
Clementine®' 74, **74**
Zwergrose 'Honeymilk®' 74
Zwergrose
'Sonnenkind®' 75, **75**
Zwiebelpflanzen 17
Zylinderputzer 14, **15**, 60, **60**
Zypresse, Mittelmeer- 56

Mit 138 Farbfotos von:
David Austin Roses Limited, UK-Wolverhampton: 31 o;
Ursel Borstell, Essen: 5, 50 li;
Helga Buchter-Weisbrodt, Rödersheim/Gronau: 88 re, 89 re;
Rolf Bühl, Stuttgart: 44 oli;
Flora Press, Hamburg: 6, 9, 19, 20, 24 ure, 27, 28, 30, 34;
Gartenschatz, Stuttgart:1, 18 u, 50 re, 51 li, 51 re, 52 li, 52 re, 53 li, 56 li, 56 re, 57 li, 57 re, 58 li, 59 re, 60 li, 61 re, 62 li, 63 re, 64 re, 65 re, 66 re, 67 li, 67 re, 68 li, 68 re, 69 li, 69 re, 70 li, 70 re, 72 li, 73 li, 76 li, 76 re, 77 li, 77 re, 78 li, 78 re, 79 li, 79 re, 81 li, 81 re, 82 re, 83 li, 83 re, 84 li, 84 re, 85 li, 85 re, 86 li, 87 li, 87 re;
Häberli Obst- und Beerenzentrum-AG, CH-Egnach: 88 li, 89 li;
Petra Jarosch, Schutterwald:12, 23 ure, 42 (alle drei), 60 re;
Kientzler GmbH, Gensingen:16, 25, 26, 80 li, 80 re;
W. Kordes' Söhne, Klein-Olfenseth-Sparrieshoop: 31 u, 75 re;
Engelbert Kötter, Walldürn-Rippberg: 54 re, 55 li;
Baumschule Lorenz von Ehren, Hamburg:72 re;
Mein schöner Garten/Bodo Butz, Offenburg: 38 (beide), 39 (alle vier);
Baum- und Rosenschulen Reinhard Noack, Gütersloh: 74 li,
Wolfgang Redeleit, Bienenbüttel: 22, 32, 86 re;
Tierfoto-Reinhard, Heiligkreuzsteinach/Eiterbach: 10 ore, 17, 21 u, 29 ore, 37 ure, 41 o, 53 re, 54 li, 58 re, 59 li, 61 li, 62 re, 63 li, 64 li, 65 li, 66 li, 71 li, 71 re, 73 re, 82 li;
Manfred Ruckszio, Taunusstein:14;
Friedrich Strauß, Au/Hallertau:2/3, 7, 8, 10 uli, 11, 13, 15, 18 o, 21 o, 23 oli, 24 oli, 33, 35, 36, 40 (beide), 43, 47, 49, 55 re;
BKN Strobel GmbH & Co KG, Holm: 75 li;
Rosenwelt Tantau, Uetersen: 74 re;
Xeniel/Michael Mögle, Stuttgart: 44 re.

Mit 20 Illustrationen von:
Reinhild Hofmann, München: 7;
Wolfgang Lang, Grafenau: 37 (beide), 41 (alle drei), 45 (alle sechs), 46 (alle vier), 47 (alle vier).

Umschlaggestaltung von Atelier Reichert, Stuttgart, unter Verwendung eines Fotos von Friedrich Strauß, Au/Hallertau.

Bibliografische Informationen der Deutschen Bibliothek
Die Deutsche Bibliothek verzeichnet diese Publikation in der Deutschen Nationalbibliografie; detaillierte bibliografische Daten sind im Internet über http://dnb.ddb.de abrufbar.

Gedruckt auf chlorfrei gebleichtem Papier

1. Auflage

ISBN 3-440-09789-7
Redaktion und Bildredaktion: Carolin Krank
Produktion: DOPPELPUNKT Auch & Grätzbach GbR, Leonberg
Grundlayout: Dietmar Grashoff, Offenburg
Printed in Slovakia/Imprimé en Slovaquie